MORENO E O HASSIDISMO
Princípios e fundamentos do pensamento filosófico do criador do psicodrama

Dados de Internacionais de Catalogação na Publicação (CIP)
(Câmara Brasileira do Livro, SP, Brasil)

Nudel, Benjamin Waintrob
Moreno e o hassidismo : princípios e fundamentos do pensamento filosófico do criador do psicodrama / Benjamin Waintrob Nudel ; [apresentação Celina Dias Borges Sobreira]. — São Paulo : Ágora, 1994.

ISBN 85-7183-448-2

1. Hassidismo 2. Moreno, Jacob Levy, 1889-1974. 3. Psicodrama I. Título.

94-0331

CDD-150.198

Índices para catálogo sistemático:

1. Psicodrama : Método psicanalítico   150.198

MORENO E O HASSIDISMO

Princípios e fundamentos do
pensamento filosófico
do criador do psicodrama

Benjamin Waintrob Nudel

ÁGORA

Copyright © 1993 by Benjamin Waintrob Nudel

Nenhuma parte desta publicação poderá ser reproduzida, guardada pelo sistema "retrieval" ou transmitida de qualquer modo ou por qualquer meio, seja eletrônico, mecânico, de fotocópia, de gravação ou outros, sem a prévia autorização por escrito da Editora.

Capa:
Roberto Strauss

EDITORA AFILIADA

Todos os direitos reservados pela

Editora Ágora Ltda.
Caixa Postal 62.564
01295-970 — São Paulo, SP

*Dedico esta obra, fruto do amor e da inspiração,
a minha esposa Regina e aos meus
filhos Ilan e Ivan.*

*À memória de meu pai,
Pinio Waintrob.*

AGRADECIMENTOS

Ao Dr. Alfredo Correia Soeiro, que me iniciou no Psicodrama.

À Dra. Celina Dias Borges Sobreira, pela sua inestimável orientação durante a elaboração deste trabalho.

Ao amigo Ibrahim Romano, que me prestou valiosos esclarecimentos sobre o hassidismo.

Ao Dr. Roberto A. C. de Camargo Bittencourt, que tanto me ajudou na revisão e na montagem deste trabalho.

Ao amigo Saad Romano, pela colaboração na área de informática, que tanto facilitou a realização deste trabalho.

A todos, muito obrigado.

Benjamin Waintrob Nudel

SUMÁRIO

Apresentação	9
Prefácio	11
Introdução	13
Objetivos	15
As primeiras descobertas	17
Matriz de identidade de J. L. Moreno	21
O hassidismo	43
A Cabala e o hassidismo	57
O hassidismo de Martin Buber	59
Moreno e Buber	65
Enunciados filosóficos de Moreno	71
O encontro	75
O processo criador de Moreno no psicodrama	81
O palco	85
Considerações finais	87
Notas	89

APRESENTAÇÃO

O Dr. Benjamin Waintrob Nudel iniciou seus estudos de psicodrama em 1987, quando fui uma de suas professoras. Como aluno, era bastante interessado e participante, e dessa maneira enriquecia muito as aulas. As apresentações e dramatizações de seus trabalhos eram feitas com empenho e desenvoltura. Até hoje, essa é uma de suas peculiaridades.

Benjamin nasceu em Treisa, Alemanha. Aos 3 anos e meio, sua família mudou-se para La Paz, Bolívia; aí ele passou sua adolescência e parte de sua vida adulta. Formou-se em Medicina na Universidade Mayor de San Andrés, em 1974 e concluiu sua especialização em anestesiologia no Brasil, em 1976.

Mudou várias vezes de país, mas conseguia sempre se adaptar e assimilar cada uma das culturas, o que cada vez mais o enriquecia. Essa facilidade de adaptação possivelmente deve-se à espontaneidade e sinceridade com que trata os amigos.

Depois de residir quatro anos no Brasil, Benjamin optou por naturalizar-se brasileiro. Segundo ele, foi uma opção consciente da qual não se arrependeu. Sente-se bem em São Paulo, ao lado da família e dos amigos. Hoje, trabalha como anestesista, mas sempre utilizando-se do seu aprendizado em psicodrama.

Além de ter sido meu aluno, ministramos aulas juntos, fomos "co-professores". Foi meu orientando e é hoje meu grande amigo.

Acompanhei todo o nascimento, crescimento e amadurecimento de sua obra. Conheci seu *locus*, seu *status nascendi*, sua matriz.

Foram anos de muito estudo e trabalho; seu amadurecimento em psicodrama foi evidente e rápido. Invertemos os papéis várias vezes, e muito aprendi com ele. Parecia o próprio Moreno contando suas histórias.

Benjamin revela, através de sua obra, o grande interesse e conhecimento que possui sobre psicodrama e hassidismo, e como este último influenciou Moreno na criação de sua metodologia terapêutica.

Tenho certeza de que, através da sua obra, ele nos ajudará a elucidar algumas de nossas dúvidas e nos enriquecerá com um assunto tão pouco estudado no psicodrama.

Celina Dias Borges Sobreira

PREFÁCIO

Moreno criou uma escola psicológica que aproxima a psicoterapia da vida cotidiana, estudando os papéis sociais e como eles se vinculam.

Seus conceitos revolucionários perturbaram a placidez dogmática dos princípios da psicanálise. Freud trabalhava com o imaginário, atribuindo a ele a gênese das perturbações mentais, ao passo que Moreno atribuía às dificuldades do exercício dos papéis sociais a origem da psicopatologia. O criador do psicodrama é o pai das técnicas ativas de psicoterapia.

É comum os gênios da humanidade terem a vida contada e recontada sob os mais diferentes enfoques, por várias pessoas. A biografia nos aproxima dos criadores, pois ao percorrermos seus caminhos e nos depararmos com os fatos, ou as crenças, que os levaram à criação, sentimo-nos um pouco criadores e críticos de suas obras.

Jacob Levy Moreno morreu em 1974, numa época em que sua obra estava sendo estudada minuciosamente com lentes de aumento. Nestes últimos anos, vários artigos, citações e biografias têm sido escritas, e mais recentemente (1989) foi publicada uma autobiografia, prefaciada e explicada por seu filho, Jonathan Moreno.

A importância e a originalidade da biografia escrita pelo Dr. Benjamin Waintrob Nudel estão na aproximação da autobiografia de Moreno e sua origem judaica das idéias e dos conceitos filosóficos e teológicos de uma corrente judaica de pensamento denominada *hassidismo*.

O trabalho foi planejado e executado de forma cuidadosa pelo Dr. Benjamin, que além de ser também de origem judaica, procurou diversas obras e autoridades hassídicas para fundamentar suas afirmações, raciocínios e conclusões. Por outro lado, sua formação é de psicodramatista, o que lhe confere um conhecimento bastante profundo da obra, da vida e do pensamento de Moreno. A singularidade de seu trabalho reside na coragem e profundidade com que aproxima a ciência e a religião no pensamento moreniano.

O enfoque do Dr. Benjamin é particularmente original, pois a psicologia é um ramo da ciência estreitamente relacionado às crenças mais íntimas de seus criadores, principalmente as que se referem à psicoterapia.

Estaria nas crenças a origem dos distúrbios psicopatológicos? Seriam os métodos psicoterápicos constituídos por um conjunto de crenças e valores que os psicoterapeutas procuram inculcar em seus pacientes para "curá-los"? É possível não crer em nada?

A leitura dessa biografia é instigante, pois nos remete ao nosso próprio mundo interior. Creio que já é hora de começarmos a acompanhar a obra do Dr. Benjamin Waintrob Nudel e conhecer as novas luzes que lançou sobre a figura do genial criador do psicodrama, o sociodrama, a sociometria e a psicoterapia de grupo, Jacob Levy Moreno.

Alfredo Correia Soeiro

INTRODUÇÃO

Lembro-me como se fosse hoje. Em 1987, quando iniciei meus estudos de psicodrama, a Dra. Ivanilde R. Milito dos Santos, professora do Módulo de Moreno, pediu-nos que lêssemos *As palavras do pai*, obra do autor que estávamos estudando e sobre a qual eu deveria apresentar um trabalho até o final do módulo.

Meses de leituras das diversas obras de Moreno se passavam, e eu não encontrava uma forma correta de abordar e escrever sobre *As palavras do pai*. No último dia, quando vencia o prazo e deveríamos entregar o trabalho, eu estava muito ansioso, pois até esse momento nada tinha conseguido realizar. Faltavam poucas horas para o início da aula.

Uma hora antes de sair da minha casa, relembrei a obra escrita por Moreno e, fortemente impressionado, como que por inspiração divina (semelhante ao momento em que Moreno, numa única noite, e levado por forte inspiração escrevera *As palavra do pai*), em cinco minutos escrevi numa folha de receituário médico aquilo a que chamaria de "Carta-resposta a *As palavras do pai*".

Senti que nesse momento acontecerá uma verdadeira inversão de papéis com Moreno. Foi o que possibilitou a concepção da carta.

Na realidade, era o ponto de partida para meu encontro com J. L. Moreno e seu pensamento filosófico e principalmente com Moreno, o ser humano universal.

Escrevi então:

CARTA-RESPOSTA A
AS PALAVRAS DO PAI

Caro Dr. J. L. Moreno:

Tal como Deus fez outrora com seu servo Abraão, o primeiro patriarca, agora tu o fazes comigo. Mandas-me sair da "minha casa", da "minha cidade", abandonar "meus deuses", "meus pais", "meus amigos" e seguir um novo caminho, onde deverei encontrar-me comigo mesmo e me perceber, perceber a minha solidão, e só então saber que não estou só. Seremos dois: eu e minha solidão.

A partir deste momento, verei que há outros como eu, com os quais passarei a conviver; nos encontraremos em tuas palavras, em teus ensinamentos, e então poderemos nos liberar e criar. Criar a nós mesmos e os que ainda virão, o mundo em que vivemos e o que está por vir. O momento do aqui e do agora, ato supremo de criação enquanto perceptível. E cresceremos, integrando-nos ao maravilhoso mundo e depois ao universo, ao cosmos. Seremos seres cósmicos, integrados ao Ser Criador.

Que grandioso momento! Todos seremos um, e um será todos.

Neste momento em que recebo as tuas palavras, aceito a tarefa a que me destinas: serei teu Abraão, teu novo patriarca. Levarei tuas palavras a todos os irmãos para que sejamos livres, espontâneos e, portanto, criativos unidos a ti como novos deuses.

Benjamin Waintrob Nudel
18-05-1987

OBJETIVOS

Quando comecei a ler *Psicodrama*, do Dr. J. L. Moreno, voltaram-me diversas perguntas para as quais até então eu não encontrara resposta e nem a interpretação adequada.

Ao ler a frase: "Moreno sofreu grande influência do hassidismo"[1], interroguei-me a respeito de que influências seriam essas. Conhecia a origem judaica de Moreno, porém muito pouco sobre o hassidismo. A pergunta ficou rondando em minha cabeça, e no decorrer do curso de psicodrama que eu freqüentava, fui buscando a resposta.

Qual seria a influência do hassidismo sobre Moreno?

Realmente, não encontrei a resposta, o que me levou a estudar o hassidismo como uma nova corrente filosófica dentro da religião judaica.

Nesta obra, tentarei estabelecer a ligação entre o hassidismo e os princípios filosóficos de Moreno.

Sei que o Dr. Moreno teve uma formação eclética e desde muito jovem leu e estudou diversas filosofias. É inegável, como ele mesmo reconhece, a influência da filosofia existencialista, desde Kierkegaard, Heidegger e outros.[2]

Também foi influenciado pelos filósofos gregos, principalmente pelo teatro grego e sua apresentação nos palcos específicos para este fim.[3]

A filosofia hassídica de seu amigo Martin Buber[4] e outros filósofos judeus, a Cabala e o Antigo Testamento exerceram também forte influência sobre ele. Recebeu ainda influência da mística judaica de Guershom Scholem, um dos colaboradores da revista *Daimon*, publicada na sua época em Viena e da qual falarei a seguir.

Moreno foi capaz de dar respostas novas a questões antigas, como as "diversas conservas culturais" (obras de arte ou literárias já concluídas e portanto não modificáveis), no seu mais importante pensamento: "O Homem Espontâneo, cujo resultado final o tornaria criativo".

O objetivo deste trabalho é esclarecer o que é o hassidismo e em que grau teria influenciado Moreno.

AS PRIMEIRAS
DESCOBERTAS

As poucas informações iniciais sobre J. L. Moreno, foram obtidas na apresentação que Pierre Weil faz em *Psicoterapia de Grupo e Psicodrama*, de autoria de Moreno. Diz: "Se existe o Moreno espontâneo e autêntico, existe também um outro Moreno, difícil de entender, pois nesta área o seu comportamento é reflexo de estados interiores pelos quais passou, pelo que pude concluir, através de declarações pessoais que me fez e por alusões rápidas em palestras a que assisti.

"Moreno afirma, muitas vezes, que é Deus; eu também, [P. Weil] como todos nós, estranhei estas afirmações e levei muitos anos para compreender o que ele queria dizer; não podia admitir que um homem de tal envergadura caísse numa paranóia tão rudimentar (não afirmo que isto não seja possível).

"Minhas pesquisas sobre a Esfinge que me levaram, entre outros textos esotéricos, a estudar a Cabala hebraica, mais particularmente o *Sepher Ha Zohar*, fizeram-me, aos poucos, compreender o que ele queria dizer. O *Sepher Ha Zohar* é um compêndio de tradições secretas que teriam sido transmitidas pelo judeu-egípcio Moisés e que foram registradas, por escrito, na Idade Média, em aramaico.

"Nestes textos, como aliás nos Vedas e em Lao Tsé, isto é, nas tradições indiana e chinesa, existe a idéia de que o microcosmo reproduz o macrocosmo, o que está em cima está embaixo; encontra-se a mesma afirmação na *Tábua de Esme-*

ralda de Hermes Trismegisto, isto é, do Tote egípcio. Em outras palavras, conforme vários textos do Antigo e Novo Testamento. "Deus está em nós e nós estamos em Deus", já que a palavra "microcosmo", no caso, significa o Homem. Ser Deus para Moreno significaria, por conseguinte, ser um Microcosmo dentro do Macrocosmo, ou melhor, ter o Macrocosmo em si mesmo.

Esta hipótese parecia bastante plausível, por várias razões:

— Moreno é judeu e conviveu com Martin Buber, da escola hassídica judaica.
— Moreno insiste muito acerca de uma "Cosmoterapia", sobre o "homem cósmico".
— Como judeu, ele estava impregnado do misticismo judaico.

Os contatos e encontros posteriores (de Weil) com Moreno permitiram-lhe levar a cabo uma investigação nesse sentido.

Em resumo, eis o que ele averiguou:
1. "No Congresso Internacional de Barcelona, Moreno afirmou textualmente na sua conferência inaugural: 'Sei que tenho sido rotulado de paranóico por ter dito que sou Deus. Há nisso um mal-entendido; o que quero dizer é que Deus está em nós, em qualquer de nós, inclusive em mim.'
2. Foi em Beacon, num encontro pessoal com ele, que pude constatar que Moreno conhece o *Sepher Ha Zohar*; não somente respondeu positivamente a minha pergunta, mas ainda citou palavras de Guilgoul e outras que me mostraram, sem dúvida nenhuma, que Moreno teve ligações com a mística hebraica.
3. "No meu último encontro com ele, ao se despedir de mim, afirmou-me com ar triste: 'Eu quis ser Deus, o Pai, mas fracassei'. Diante do que acabamos de demonstrar, podemos avaliar o alcance destas palavras que muitos hindus e zenbudistas pronunciam no fim da vida: 'Procurei o *samadhi*, ou o *satori*, mas não o encontrei'. Podemos também sentir o desespero do homem atrás destas palavras."

Weil continua, dizendo: "Moreno é, antes de tudo, um Místico, que tem extraído da mística uma Psicoterapia, e que tem feito da Psicoterapia o caminho para o que Maslow chamou de *Peak-Experience*, de valor terapêutico inestimável para o presente e o futuro da humanidade[6]".

Até aqui, foram essas as informações que obtive da leitura de Pierre Weil.

Como se pode perceber era pouco para começar. Tive, então, que estudar o hassidismo e outros temas complementares como a Cabala, as obras de Martin Buber e outros filósofos e escritores.

Só em fevereiro de 1991 tomei conhecimento da autobiografia de Moreno. Tempos depois, ela veio confirmar minhas idéias sobre seus fundamentos filosóficos, embora pouco tenha escrito sobre eles nessa sua obra. Tudo mais tive que deduzir e interpretar.

Como bem disse Jonathan, filho de Moreno, seu pai escreveu suas memórias de forma desordenada e a maior parte do material descrevendo as aventuras amorosas de sua vida, o que o levou a suprimir grande parte das informações que considerou irrelevantes a sua obra. Isso exigiu que ele efetuasse uma montagem[7].

Contudo, Moreno cita com freqüência as personagens que mais o impressionaram na história: Cristo, São Francisco de Assis, Santo Agostinho e Buda.

Como, então, Moreno foi influenciado por uma filosofia judaica e, dentro dela, por uma corrente do judaísmo?

Depois de muito pensar, cheguei a uma conclusão: em primeiro lugar era preciso separar a filosofia das personagens. Ele mesmo escreve: "A minha própria dívida positiva vai para outras personalidades e correntes de pensamento, em primeiro lugar, com os grandes atores terapêuticos da vida religiosa. Homens como Josias, Jesus, Maomé e Francisco de Assis, possuíram um profundo senso dramático e conheceram uma forma de catarse mental incomparavelmente mais profunda que a dos gregos, porque decorria da realização de grandes papéis com sua própria carne e sangue, isoladamente e em grupos, do confronto cotidiano com ásperas conjunturas. O seu palco foi a comunidade e toda a situação em que se viam desafiadas o seu gênio terapêutico. Conheciam, em primeira mão e não através de livros, a espontaneidade, a solução imediata, o processo de aquecimento preparatório e o desempenho de papéis. Jesus, como um ator terapêutico principal, tinha seus egos-auxiliares nos apóstolos e seu diretor psicodramático no próprio Deus, que lhe indicava o que fazer e dizer[8]".

Como se vê, sua admiração por essas pessoas deve-se ao fato de elas terem sido atores, personagens espontâneas do seu próprio drama, tornando-se, elas próprias, verdadeiros diretores terapêuticos psicodramáticos.

Entendido isso, pude separá-las da sua (de Moreno) concepção filosófica, que para mim é basicamente místico-religiosa hassídica. Penso que só agora, depois de ter separado a filosofia das personagens, posso escrever sobre Moreno e o que é o hassidismo.

MATRIZ DE IDENTIDADE DE J. L. MORENO

Para entender Moreno acho necessário entender sua origem, seu meio social e as influências que os diversos relacionamentos e as leituras tiveram sobre ele. Para tanto, reler sua biografia se faz necessário.

Sabemos que Moreno nasceu em 18 de maio de 1889, numa família judia-sefaradi (judeus oriundos da península Ibérica, disseminados em ondas que vão da Espanha à Turquia). Freqüentemente sujeito a ataques, inquisições, e pogroms em seus "lares adotivos", a maior grandeza desse povo era a preocupação com a chegada do Messias. A mística participava do cotidiano de uma vida rica em folclore, o universo era tido como um mistério, literalmente, um lugar tremendo. O entusiasmo religioso despertava aqui e acolá, e os "falsos Messias" apareciam com freqüência.

Um deles, provavelmente o mais importante, apareceu na Turquia e é mencionado por Moreno em sua autobiografia. Trata-se de Shabtai Tzvi, cuja carreira provocou uma extraordinária reação convulsiva nos judeus, pois parecia mexer com a autoridade do sultão. O movimento terminou com a aparente conversão forçada de Shabtai ao islamismo, o que abalou inteiramente a comunidade judaica[9].

Jacob Levy Moreno era filho de Pauline e Nissim Moreno, descendente de uma antiga e respeitada família de professores e comerciantes judeus; até onde se sabe, nenhum foi médico[10]. Ele nasceu em um barco sem bandeira, em alto-mar, no caminho entre Istambul e Bucareste. Quando Moreno perguntava à mãe sobre seu nascimento, ela dizia que viera das águas, como o profeta Moisés, referindo-se tanto às águas do mar quanto às águas internas (líquido amniótico), nas quais ele fora engendrado. Isso fez com que Moreno sempre se sentisse como um cidadão do mundo[11].

Pauline vinha de uma família judia-turca. Estudou num convento, provavelmente por não haver no lugar uma escola judaica onde uma moça com sua inteligência e capacidade pudesse adquirir cultura e educação, conforme desejava a família.[12] Por isso, Moreno conhecia as histórias de Cristo e dos santos do cristianismo. Sua mãe, uma exímia contadora de histórias, passou ao filho estas informações que tanto o influenciaram e que, posteriormente, também as relataria nos jardins de Viena. Com muito senso de humor, ela costumava dizer quando a vida se tornava difícil: *Was kann mann machen? Umdrehen und lachen''*: (O que podemos fazer? Dar um rodopio e rir). Adorava fofocas e histórias apimentadas. Era ingênua, gentil e mãe dedicada. Sua aparência jovem não revelava a verdadeira idade[13].

Antes de completar quinze anos de idade, Pauline foi retirada do convento porque estava prestes a se converter ao catolicismo. Arranjou-se, então, seu casamento (costume entre os judeus da época) com Nissim Moreno.

Nissim Moreno Levy era um homem alto e delgado. Era sério e reservado, dono e senhor absoluto do lar, atento e afetuoso. Um pouco irregular nos seus hábitos, chegava e ia embora segundo sua vontade. Gostava de começar novos negócios que logo fracassavam[14].

Sabe-se que a família não era ortodoxa, mas tradicionalista. Houve nessa época uma deterioração das observâncias religiosas entre os judeus, exceto nas famílias ortodoxas. Essa deterioração também se manifestou na família de Moreno. Porém, a tradição foi fortemente mantida, pelo menos até as irmãs se casarem e os homens se estabelecerem na vida[15].

Em Bucareste, segundo os costumes judaicos da época, toda criança que já falasse adequadamente (entre 3 e 4 anos de idade) era encaminhada para o *Cheder* para ser alfabetizada.

Foi então que Moreno tomou contato com o Antigo Testamento e a idéia de Deus. Estudou a Torá, livro sagrado dos judeus[16], e também a Cabala e o *Zohar*, dos quais falaremos mais adiante.

A vida do jovem Moreno foi regular e ordenada. Depois de voltar da escola, fazia o que se esperava dele. Embora fosse bem comportado, não era um garoto como os outros. Era ativo, muito ativo, sempre no centro das atenções e nunca mero espectador[17].

Moreno passou os cinco primeiros anos de sua vida em Bucareste, Romênia, vivendo numa pequena casa às margens do rio Danúbio[18]. Como primogênito, devia cumprimentar uma a uma as visitas da casa, beijando a mão das senhoras. Ao emigrar para os Estados Unidos esse costume foi mantido, o que lhe conferia um ar encantador, muito apreciado pelas damas[19].

A mãe adaptou-se facilmente à vida em Viena. O pai jamais assimilou os hábitos alemães[20]. Como mercador viajante, nunca ficava no lugar o tempo suficiente para aprender o idioma. E jamais aceitou o modo de vida austríaco.

O fato de a família ter assimilado bem os hábitos vienenses transtornou os princípios básicos do pai. Ele preferia manter-se leal a suas raízes romeno-sefaraditas[21].

De qualquer forma, nunca foi uma assimilação completa. Eram mais uma família entre tantas outras de origem judaica, típicas e marginalizadas, que sobreviviam graças aos fortes laços familiares[22]. A isso acrescenta-se o fato de viverem num meio germânico altamente agressivo, reforçado pela forte constituição católico-romana[23].

As constantes ausências do pai conferiram ao primogênito Jacob uma posição de autoridade, desde muito cedo. Porém, a figura central da família era a mãe. Quando o pai estava em casa, era ele a figura forte e autoritária[24].

O pequeno Jacob, aos 4 anos de idade, percebe, ainda que de uma forma rudimentar, quase como numa brincadeira, a sua divindade. Mas é uma experiência tão forte, que o marcará pelo resto da vida. Ele brinca de Deus, encontrando em seus companheiros os egos-auxiliares indispensáveis para desempenhar o seu papel, pois sozinho não conseguiria atingir o topo do palco que tinha montado. E a tomada desse papel é tão vívida que naquele momento ele é realmente Deus, pode tudo, pode até voar: ele salta no ar mas cai e fratura o braço[25].

No meu entender, essa experiência se repetirá de outra forma em dois momentos totalmente diferentes e contrastantes de sua vida. O primeiro, quando Moreno é totalmente Criador, em sua vida na velha Europa. O segundo será marcado com a ida para a América, onde passará a conviver com uma sociedade nova e livre, mas que exige, ao mesmo tempo, que todos os seus atos criativos sejam demonstrados e comprovados.

O primeiro momento, na Europa, pode ser comparado ao momento do jogo de Deus, totalmente criativo (a criança espontânea); e o segundo compara-se à queda, ao braço fraturado, que o traz de volta à realidade das suas limitações humanas: sua liberdade criadora está limitada por uma realidade física, causando-lhe uma dor semelhante à que teve quando fraturou um osso (o processo de amadurecimento).

Já disse anteriormente que Moreno estudou a Torá na infância e que uma das coisas que chamaram minha atenção foi ele ter dito que foi influenciado pelo hassidismo.

Sabe-se, assim, que Moreno também fez o seu *Bar-Mitzvá*[26] (aos 13 anos, o jovem judeu é chamado para ler a Torá e passa, então, a ser considerado um adulto junto à congregação), e aprofundou seus conhecimentos da filosofia, das leis, dos costumes e das tradições judaicas.

Após o *Bar-Mitzvá* seu pai passava temporadas cada vez mais longas longe de casa, afastando-se ainda mais da família[27]. Seus dois tios maternos, Markus e Jancu, passaram a assumir a responsabilidade pela família. Ambos eram ricos mercadores de grãos, muito devotados à irmã mais nova, mãe de Moreno[28].

Aos 11 anos, Moreno viajou com o pai para Istambul, para visitar um tio-avô paterno que tinha se convertido ao islamismo e possuía um harém. Essa experiência será importante para a visão que futuramente ele terá do islamismo[29].

Moreno conta em sua autobiografia (editada em 1989, em comemoração ao centenário de seu nascimento) que o livro do Gênesis teve papel preponderante em seus primeiros estudos.

Esse livro lhe causará profunda impressão positiva e marcará seus ideais pelo resto da vida. É quando conhecerá a idéia de Deus e o ato criador, a Criação Divina de tudo o que existe a partir do nada; é nisso que se inspira para realizar, numa tarde, no porão da sua casa e junto com alguns amigos, aquilo que chamaria depois de sua "primeira sessão de psicodrama": no jogo de ser Deus, ele encarna o papel do Criador[30]. Moreno representou esse papel durante toda a vida e por isso chegou a ser considerado megalomaníaco.

Vejamos agora o que diz o Gênesis:

"E foi que no Sexto Dia Deus disse: 'Façamos o Homem'. E Ele o fez de barro, a Sua imagem e semelhança. Depois, soprou em suas narinas e deu-lhe vida."

Mais do que isso, fez o homem diferente das outras criaturas vivas dando-lhe uma alma divina, parte de Si mesmo, parte do Deus Criador.

Esse é o momento supremo da Criação, quando Deus dá ao homem uma *Neshama* (alma divina) que o distingue do resto da criação. Mas os sábios se perguntavam: Por que Deus fala no plural, se em todos os outros momentos da criação Ele fala no singular? Ele disse "Faça-se a luz", e a luz se fez, etc. etc. Porém, no momento específico da criação do homem, Ele o faz no plural: "Façamos o Homem"[31].

Conta-se que quando os gregos conquistaram Jerusalém, enviaram sete sábios judeus para a Grécia, a fim de que traduzissem a Torá (isto é, o Pentateuco — os cinco primeiros livros da Bíblia) para o grego. Os sete sábios foram colocados em aposentos diferentes, de modo que não se comunicassem entre si e não mudassem o que iriam escrever. Porém, por inspiração divina, todos fizeram a mesma tradução: "Faça-se o Homem", no lugar de "Façamos o Homem". Fizeram isso para que os gregos não interpretassem que os judeus fossem politeístas; eles tinham um só Deus.

Diz a história que os sábios se perguntavam o porquê do plural nesse momento da Criação; a quem mais Ele se referia, se estava só?

Alguns eruditos interpretaram que Deus estaria falando com os anjos e outros seres celestiais, pedindo sua cooperação. Outros interpretaram de uma forma diferente e com a qual concordo mais. O Dr. Abraham Tversky, em sua obra *Façamos um Homem — Auto-estima e Judaísmo*, dá essa interpretação.

Para o psiquiatra e rabino Dr. Abraham Tversky, os seres criados por Deus, dividem-se em três categorias: os anjos, os animais e o homem.

Os anjos são puro espírito e não têm corpo material; os animais são puro corpo físico e não têm espírito. Os anjos não crescem de forma alguma; os animais só o fazem em tamanho e força, mas não em caráter.

O homem é qualitativamente diferente; cresce em tamanho e força, mas deve percorrer um processo de amadurecimento, que deve acontecer por seus próprios esforços. Deus apontou a massa de barro recém-formada e disse: "Façamos o homem". Tu e Eu faremos um homem. Dar-te-ei a capacidade e o poder e ajudar-te-ei no processo, mas a tarefa deverá ser, em última instância, tua. Eu posso criar muitos seres perfeitos desde o princípio, mas esse não é meu conceito de homem.

Por essa razão o Talmud considera o homem como sócio de Deus na tarefa da criação. Em outras palavras, Deus estaria dizendo: "Eu crio, e dou ao homem a alma divina, a inteligência. Crio-o livre e espontâneo, para que Eu e ele sejamos, juntos, partícipes deste ato Criador, onde caberá ao homem participar da sua própria criação e do seu crescimento e ser responsável pelo seu destino."

A idéia, aqui, é o homem como criador mas também auxiliar de Deus na criação. Agora, sim, a idéia do indivíduo-deus de Moreno começa a tomar seu verdadeiro sentido e torna-se mais clara. Ao analisarmos o hassidismo, ela tomará sua forma final e coerente.

O homem foi destinado a ser livre, a escolher e determinar suas próprias ações. Contudo, ele só é verdadeiramente livre quando escolhe suas ações e determina sua conduta de acordo com parâmetros próprios de correto ou incorreto, sem levar em conta os inconvenientes que esta conduta poderá provocar.

Segundo o Dr. Tversky, "o homem não é só um ser com intelecto e capacidade para adquirir conhecimento, compreender o que aprendeu e saber como aplicá-lo. Uma pessoa pode ter todas essas qualidades e continuar permanecendo sob o domínio de seus impulsos internos.

"A espiritualidade consiste no desenvolvimento do controle sobre si mesmo, para poder utilizar o corpo, como um meio encaminhado a um objetivo transcendente.

"Não é só o intelecto do homem que o distingue das outras formas de vida, mas sim sua espiritualidade, sua capacidade de tornar-se dono de sua própria pessoa, por meio dos seus próprios esforços".

Cumprindo esse requisito, o homem converte-se no ser que Deus pretendeu, ou seja, um criador e, criando (segundo Moreno), pode se tornar um deus.

Acho também interessante salientar que após cada dia da criação, ao ver Deus sua obra terminada, dizia: *"Tov"* (em hebraico, "bom"). Mas, ao final do sexto dia, depois de ter criado Adão, e este, junto com Eva, ter pecado e sido expulso do Paraíso, Deus diz: *"Ki Tov"* ("muito bom"). A Criação se complementava tendo sido criado o Bem e também o Mal, como fato concreto, elemento importante para o equilíbrio do homem e da própria criação. Ambos são elementos de equilíbrio material e espiritual, como veremos mais adiante quando falarmos do hassidismo e sua filosofia do Bem e do Mal. Cabe acrescentar que, quando Deus expulsou Adão e Eva do Paraíso, disse-lhes: "Crescei e multiplicai-vos!". A ordem é crescer espiritualmente, a tarefa de se fazer um homem por si mesmo.

Continuando a ler a Bíblia, chegamos a Abraão que, desde pequeno, já percebia a existência de um Deus único, mas que na velhice (em torno dos 75 anos), recebe a seguinte mensagem divina: *"Lech Lechá — Vete!"*. Traduzido literalmente do hebraico significa "Caminha para ti... dentro de ti" ou também "Sai de ti... Para fora de ti"; Ele não o manda apenas sair da sua terra, abandonar seus ídolos e familiares, mas principalmente romper com as correntes que o atrelam aos velhos conceitos e às tradições. Pede que saia de si mesmo e mude totalmente, que se encontre interiormente, que procure novas respostas para velhas situações e se torne um novo homem através de uma verdadeira catarse. Mais adiante veremos que Moreno pretendia que acontecesse isso com todos os seres humanos (através da psicoterapia psicodramática).

Aos 4 anos idade Moreno freqüentou um *Cheder* onde leu o Gênesis, e entrou em contato com a idéia de Deus[32]. Isso o levaria a brincar de Deus, o que para os outros meninos não era um jogo comum.

Se um dos princípios da educação judaica está baseado na auto-estima, na importância que se dá ao ser humano, apesar de seus atos às vezes reprováveis, essa matriz de identidade permitirá a formação de um ser equilibrado e com papéis adequadamente desenvolvidos.

Tomemos outra obra do Dr. Tversky, *De Generación en Generación*, para explicar melhor esse processo.

Conta ele que, quando cometia algum ato errado na infância, seu pai, um rabino hassídico, chamava sua atenção de uma forma que, para nós, é bastante incomum: *"Ist past nicht"*, dizia em iídiche, e que significa "Não é digno de ti".

O ato cometido estava abaixo da pessoa. Não se entrava no mérito de se fazer algo ruim. O mais importante era colocar o ser humano, o indivíduo, como algo superior aos seus atos, respeitando sua individualidade e não humilhando-o com críticas, como é comum. A pessoa é valorizada acima de tudo. Ela é capaz de entender e diferenciar entre o bem e o mal, e sua auto-estima é resguardada e preservada. Ao mesmo tempo, na medida em que se é dotado das virtudes da personalidade, também se é responsável pela própria conduta.

Isso transforma todos os gestos amáveis dos pais em exigências severas de comportamento responsável, de tal forma que os elementos necessários para o desenvolvimento do próprio valor não se tornassem motivo de megalomania[33].

A conseqüência desse tipo de comportamento dentro da matriz de identidade, é, a meu ver, de importância fundamental para o ajustamento a um código de conduta.

O rabino Tversky destacou-se, desde os 9 anos de idade, como exímio enxadrista. Certa vez hospedou-se em sua casa, no dia de *Rosh Hashaná* (Ano-Novo judaico), um rabino de Chicago que o desafiou para um partida de xadrez. O menino Tversky ficou surpreso, pois imaginava que não fosse permitido jogar xadrez no *Rosh Hashaná*, mas a garantia do rabino de que era permitido bastou para que aceitasse o convite. O rabino de Chicago era um bom enxadrista, mas Tversky venceu-o.

Nessa noite, no final da comemoração do *Rosh Hashaná*, seu pai chamou-o em seu estúdio. Ao entrar, viu que o pai estudava, por isso ficou em silêncio. Após alguns instantes, ele levantou os olhos do livro e perguntou:

— Jogaste xadrez no *Rosh Hashaná*?

— Sim — ele respondeu. — O rabino de Chicago disse-me que era permitido.

O pai voltou à leitura, balançando de leve a cabeça. A mensagem era clara: mesmo que o rabino de Chicago tivesse razão segundo a lei, jogar xadrez não era permitido segundo o espírito da ocasião e Tversky sabia que não devia tê-lo feito.

Se o pai lhe dissesse: "Você deveria saber", estaria insultando-o, porque estaria punindo sua ignorância. Dizendo "Você sabe que não se deve fazer" meramente afirmou um descuido e não o insulto. Desta forma, a dignidade do menino estava preservada.

No final, o pai lhe disse: "Ao menos você venceu", demonstrando o orgulho e o amor que sentia pelo filho.

Essa cena não poderia ter sido instrumentada com maior perfeição: Tversky procedera mal e era responsável por sua má conduta. Ao lamentar o erro, estava limpo. Era hora de fazer um gesto positivo.

Evidentemente, o pai não se arriscaria a envergonhá-lo, fazendo-o reconhecer que fora derrotado no jogo de xadrez. Fez a pergunta porque conhecia a resposta, o que significava ter certeza da vitória do filho. É possível analisar tudo isso aos 9 anos? Claro que não. Mesmo que Tversky não entendesse a dinâmica, o efeito positivo sobre o sentimento do seu próprio valor não foi reduzido.

Pode-se repreender e castigar sem destruir o ego do outro. A severidade não precisa necessariamente ser cruel para ser eficaz. Não é preciso humilhar para corrigir o erro do outro[34].

A educação judaica estimula a discussão e a argumentação; a Torá sempre pode ser lida sob novas luzes.

Um professor respeitava os argumentos dos seus alunos, mas se fosse necessário corrigi-los, procurava conter seu sentimento de triunfo ao mesmo tempo que sinalizava uma falácia ou um descuido no raciocínio deles, dizendo: "Tens razão, tens toda a razão do mundo; agora vou te mostrar onde estás equivocado''. Não se trata absolutamente de uma contradição interna: o aluno apresentara um argumento convincente que devia ser reconhecido. E o fato de o argumento não ser válido, não lhe diminuía o mérito[35].

Tudo isso me faz refletir sobre a importância da matriz de identidade e como ela deve, de alguma forma, ter influenciado Moreno na posterior elaboração do psicodrama terapêutico, enfatizando sempre os pontos positivos levados pelos pacientes, mas sem deixar de sinalizar os elementos negativos.

Outra grande descoberta de Moreno foram os papéis e a importância deles nos relacionamentos. Lembro-me de uma história hassídica contada por um rabino: quando as pessoas o procuravam para um conselho ou para resolver um problema, ele as recebia em seu escritório particular. Ao sair, sua roupa estava molhada e amarrotada. Um dia, seu *Gabai* (assistente de rabino) inquiriu-o a esse respeito, que muito chamava sua atenção.

O rabi disse-lhe então: "Imagine, meu fiel *Gabai*, uma pessoa que se senta diante de mim para me contar um problema. Eu sou o rabino e ela, alguém com problema. Então eu tiro minha roupa e faço-a tirar a dela. Visto a roupa dela e a faço vestir a minha, para que eu possa realmente saber como ela se sente e entendê-la melhor. No fim, torno a vestir minha roupa e a faço vestir a dela; dessa maneira, volto a ser eu e posso analisar com o devido distanciamento e sob uma nova perspectiva o seu problema. E ela, através da minha roupa, poderá ver a si mesma. No final, terei lhe dado a melhor ajuda e orientação possível.

"Veja, então, meu *Gabai*, que essa constante troca de roupas deve me deixar totalmente cansado, suado amarrotado"[36].

Dessa maneira, vê-se como a leitura e a interpretação do Gênesis mexeram com a mente do pequeno Jacob L. Moreno aos 4 anos de idade, causando nele uma forte e profunda impressão. A atitude de representar o papel de Deus, levou-o a excentricidades como aquela vez que estava com amigos num café em Viena e alguém em outra mesa exclamou:

— Oh, meu Deus!

Moreno levantou-se, olhou ao redor e disse:

— Alguém me chamou?[37]

Para Moreno, essa representação do papel de Deus ensinou-lhe, mais tarde, quão grande era sua dívida para com os outros. Representar o papel de Deus depende dos egos-auxiliares tanto quanto de Deus.

Em sua oitava década de vida, Moreno demonstrou uma coragem e honestidade intelectual que deu ao seu trabalho nova pujança e significado[38]. Quando ele morreu, e voltou para Deus, foi como quem ia ao encontro de um velho amigo[39].

É interessante notar que, em sua autobiografia, Moreno dedica um capítulo inteiro a seu encontro com Chaim Kellmer, um jovem hassid, que dele se aproximou impressionado pelo trabalho que realizava com as crianças nos jardins de Viena. Considero particularmente interessante que, depois de terem trocado algumas palavras, ambos se calaram, tentando comunicar-se através do silêncio.[40]

É aí que Moreno explica sua filosofia do encontro, ou pelo menos tenta explicá-la em *Palavras do Pai*. Sinceramente, confesso que não estava realmente claro para mim o que realmente ele queria dizer com encontro: "Um encontro de dois: olhos nos olhos, face a face. E quando estiveres perto, arrancar-te-ei os olhos e colocá-los-ei no lugar dos meus; e arrancarei meus olhos, para colocá-los no lugar dos teus; então ver-te-ei com os teus olhos, e tu me verás com os meus[41]".

Porém, seguindo a evolução do homem Moreno e as fortes influências que o hassidismo exerceram sobre ele, li que um dos principais mandamentos da Torá é: "Ama teu próximo como a ti mesmo". Eis uma pergunta fundamental e bastante difícil de ser entendida: como é possível amar o próximo como a si mesmo? Será possível? Mas tive a sorte de ouvir do rabino Jacob Begun, do Centro Religioso Judaico e Sinagoga Tiferet de São Paulo, uma história hassídica que me fez entender essas palavras.

Diz a história que um grande rabino de uma cidade européia era interrogado pelos discípulos a esse respeito e não tinha a resposta adequada. Certa vez, ele teve de viajar para outra cidade. O caminho era longo e cansativo, e durante a viagem parou numa taverna para descansar, sentou-se a uma mesa, e ouviu a conversa que se desenrolava entre dois homens simples, ambos já bastante embriagados. Um deles perguntou ao outro:

— Bóris, você que é meu amigo há tanto tempo, pode me dizer se me ama?

— Mas que pergunta é essa, Yuri? É claro que o amo.

— Então, Bóris, já que me ama, diga-me: o que é que estou sentindo agora? Do que estou sentindo falta?

— Como posso saber, Yuri, se não sou você? — respondeu Bóris.

Para o rabino que ouvia a conversa a luz se fez — e para mim também. Ele voltou para a sua cidade e contou o ocorrido aos alunos. Amar o próximo como a si mesmo é poder se colocar no lugar do outro, sentir suas necessidades, ser o outro.

Como diz Moreno, se alguém quiser realmente ser amante de Deus, deverá representar o papel de Deus. Qualquer um que queira alcançar a perfeição dessas qualidades deverá representar o papel de Deus.

Há aqui algo importante. Se Moreno entendia esse pensamento desde a infância e por ele fora influenciado, deve ter sido nessa época (na juventude) que esboçou o princípio da idéia do "papel", colocando-se no lugar do outro. Isso se concretizou no teatro terapêutico, quando ele passou a inverter os papéis entre seus atores.

Então, o mandamento da Torá, ama teu próximo como a ti mesmo, é, no meu entender, a matriz; o teatro, o *locus*, e o psicodrama, o seu próprio *status*.

Mas, antes de chegar ao teatro da espontaneidade e à criação do próprio psicodrama terapêutico, Moreno evoluiu em sua experiência de vida, e para isso foi importante brincar com as crianças nos jardins de Viena. Teria sido esse um ato totalmente espontâneo?

Agora acredito que, considerando-se a evolução psicológica da personalidade de Moreno e a forte influência que as idéias hassídicas exerceram na sua juventude, ou seja, a idéia de ser um deus e representar esse papel no dia-a-dia, outra personagem também influenciou-o fortemente: o papel do *Maguid*, que já fora representado antes por outros judeus.

O Maguid era, tradicionalmente, um pregador errante da Europa oriental. Ele falava com o povo numa linguagem comum e simples, em delicioso contraste com os sábios rabínicos mais formais daquela época. O Maguid entrelaçava lendas, canções, parábolas e brincadeiras. Reunia multidões sempre que parava em algum lugar, inspirando-as de uma forma que nenhum outro sábio de expressão conseguia fazer. Isso esclarece a evolução de Moreno desde a infância, quando ouvia a mãe contar lendas e cantar canções.

A escola religiosa judaico-hassídica que ele freqüentava desenvolveu a idéia fixa do papel de Deus e a missão de ser um deus atuante, diretamente ligado aos semelhantes, orientando-os, ajudando-os (crianças, prostitutas, imigrantes, vizinhos que o procuravam quando ele ainda era menino para serem ajudados e orientados), até sua atuação nos jardins de Viena, criando um mundo de crianças para as crianças. Da mesma maneira, seus estudos de medicina (por influência do pai, que achava a medicina uma profissão de futuro)[42], e a inclinação para o teatro, como uma forma de pôr em prática suas idéias, contribuíram para que as pessoas aprendessem a amar o seu próximo, colocando-se em seu lugar. Em sua idéia final do sociodrama vislumbrava que todos os seres humanos se encontrariam como seres unidos entre si e com o Cosmos — portanto, com Deus.

A partir dos 13 anos de idade, a relação que passou a ter com seu nome era no mínimo curiosa. Seu nome bíblico era Jacob, mas era conhecido em seu círculo social como Jacques. Não permitia que o chamassem pelo verdadeiro nome, por considerar isso um gesto de intimidade que não o agradava. Há nisso um significado psicológico muito profundo. Na religião mosaica (assim chamada por Moreno para substituir o termo judaísmo), o nome de Deus não pode ser pronunciado, para manter a majestosa distância entre Deus, Criador do Universo, e o homem[43].

No processo de se tornar um profeta, Moreno esperava das pessoas o mesmo comportamento, principalmente pela aura misteriosa que lhe conferia e garantia uma distância apropriada dos demais.

Quando Moreno tinha 14 anos, seu pai sofreu um grande fracasso financeiro, e os tios Markus e Jancu passaram a se tornar parte integrante do sociograma familiar. Quanto mais eles se envolviam nos problemas da família, maior era a alienação dos parentes.

O último e grande intento do pai para manter a família e seu *status* de provedor foi a mudança de Viena para Berlim (entre 1903 e 1904). Uma prova do carinho e da confiança do pai na capacidade de seu primogênito foi contratar um professor particular para ensinar-lhe latim, apesar de não ter dinheiro. Fez isso para que o filho pudesse estar preparado para os exames de admissão ao colégio.

Depois de três semanas em Berlim, a família concordou em que Moreno retornasse a Viena, pois em Berlim não se sentia à vontade. Ele achava que lá poderia se sustentar exercendo o papel de preceptor.

Voltou a Viena com pouco dinheiro no bolso e alugou um quarto na casa de uma família, não muito longe do colégio. Era um quarto muito simples, sem janelas. Os proprietários eram o senhor e a senhora Hindler, que lhe cobravam um aluguel muito barato e, em troca, ele daria aulas a suas duas filhas, de 9 e 11 anos.

Seu trabalho foi um sucesso. Não demorou para que chegassem os clientes abastados. A intuição de não ficar em Berlim comprovava estar certa.

Berlim também não propiciou muita sorte a seu pai. Como tantas vezes, no começo tudo ia bem. Seu negócio era fabricar ataúdes e mortalhas, assim como outros elementos requeridos pelos rituais ortodoxos gregos, que eram exportados para os países bálticos e para Oriente próximo. Mas a polícia de Berlim impediu-o de continuar o negócio, pois seu visto de permanência tinha expirado e as autoridades negaram-se a renová-lo.

A família foi catalogada como "estrangeiros indesejáveis". Mudaram-se, então, para outra cidade alemã, Chemintz, onde as autoridades policiais eram mais tolerantes.

De volta a Viena, Moreno começou a levar uma vida de ócio e sonhos, ao mesmo tempo em que procurava se entender.

— Quem sou eu? É o meu corpo que me possui? — Isto é tudo de mim? Tudo é só matéria ou há alguma parte do meu corpo, alguma outra manifestação de mim, que possa ser chamada de alma?

Estava melancólico e descrente de tudo.

Maravilhado e febril, lia tudo sobre religião e filosofia, penetrando profundamente nos temas que o preparavam para o período decisivo que estava por vir.

As leituras religiosas centravam-se no Antigo e no Novo Testamento, em São Paulo, Santo Agostinho, São Bento, São Francisco de Assis, Mestre Eckhard, Angelus Silesius, Friedrich Novalis, os Apócrifos, o Zohar e Zerirah, Pascal, Sören Kirkegaard, sendo que este último causou grande impacto em Moreno. Dos filósofos, estava principalmente envolvido com Spinoza, Descartes, Leibnitz, Fichte, Hegel, Marx, Shopenhauer e Nietzsche. Entre os poetas e romancistas estavam Dostoievsky, Tolstói, Walt Whitman e Goethe. É óbvio que essa lista de autores foi compartilhada com outros de sua geração, mas sua reação particular a eles colocava-o numa situação diferente. Fazia uma leitura absolutamente assistemática, um livro aqui outro ali.

Moreno, porém, estava comovido pela Cabala num ponto específico. O movimento místico judaico aconteceu antecipadamente durante seus anos de estudante, impressionando-o muito. A doutrina central da Cabala — toda a criação é uma emanação de Deus e a alma existe eternamente — somou-se a sua preocupação inicial com o livro do Gênesis, ''No início Deus criou o céu e a terra''. Ambos o impressionaram profundamente.

A leitura das obras religiosas nas quais expressou sua doutrina teve ressonâncias profundas no mundo intelectual da época[44].

A idéia de que o homem pode se tornar um Deus é extraordinária não só pela transformação do homem em Deus mas, ao contrário, pela retransformação de Deus em homem. Esse é claramente um pensamento hassídico, como veremos ao analisar essa corrente.

É extraordinário, porque o homem que cumpria essa missão cósmica era ''normal'', portanto em desacordo com as teorias psicanalíticas, e retornaria intocado, tornando-se mais produtivo, e mais adaptado do que antes para enfrentar as exigências da vida.

Enquanto isso, em Chemintz, a situação de sua família tornava-se insustentável. Os negócios do pai iam de mal a pior. A breve guerra entre a Bulgária e a Turquia impedira-o de receber o dinheiro que lhe era devido. Os tios os auxiliavam com uma mesada, e o pai entregou a família nas mãos de Deus. Mudou-se para Istambul e a mãe voltou com o resto da família para Viena.

Os pais de Moreno se separaram de forma amigável quando ele tinha 14 anos. A separação transcorreu sem violência, sem conflito ou qualquer formalidade legal de divórcio. Parecia que o pai tinha simplesmente desaparecido. Mas ele voltou a se casar em Istambul, já em idade avançada, pelo menos mais uma vez, mas é possível que tenham sido mais vezes. Também pode ter tido mais filhos. Não há informações a respeito.

Com a mãe e os irmãos em Viena, Moreno poderia ter voltado a morar com eles para completar sua educação, uma vez que agora eram sustentados pelos tios. Mas ele tomou o partido do pai, contra a mãe e os tios. Ficou ressentido com a mãe durante anos pela separação. Não há dúvida de que as relações amorosas que o pai tivera durante suas viagens aos países bálticos contribuíram para essa situação entre os seus parentes. Mas as crianças apenas intuem as verdadeiras razões que geram um rompimento, e todo o drama familiar permaneceu obscuro.

Depois que a família voltou para Viena, Moreno deixou crescer a barba, abandonou a escola e começou uma vida errante[45].

Ele diz em sua autobiografia que Jesus se magoara com sua mãe e estava indiferente, ou ressentido, com seus irmãos, segundo os Apócrifos. Ele, Jesus, também teria abandonado a família muito cedo, e passado a viver por si mesmo. E, como Moreno, também procurou seguidores para criar uma família maior que lhe proporcionasse a sensação de pertencer. Jesus também era pobre, de origem humilde e tentou fazer coisas diferentes dos seus semelhantes, ajudando crianças, tratando dos enfermos, rejeitando os juízes e os ricos do seu tempo.

Gautama (Buda) abandonou seu lar principesco, sua mulher e os seus filhos, e encantou a todos.

São Francisco de Assis deixou a família rica para viver como um mendigo.

Moreno achava que o destino sinalizava o mesmo para ele. Também se considerava escolhido para um objetivo maior[46]. Esse sentimento de predestinação aparece em alguns grandes líderes da humanidade, como Baal Shem Tov, de quem falarei mais adiante.

Moreno passou a ser olhado com espanto e medo pela família. Por que se comportava como um estranho na casa que raramente freqüentava? Ficava recluso em seu quarto, comia sozinho, falava de forma estranha ou permanecia calado, preocupado com coisas que ninguém entendia. Isso fez a tensão aumentar.

Bem mais tarde, já em 1912, pessoas da Rússia, Bulgária, Romênia e Turquia, velhos e jovens, começaram a freqüentar sua casa, levando jornais com artigos a seu respeito, alguns com fotografias.

A palavra passou de boca em boca ou através de cartas para as famílias. A história era que havia um grupo de jovens de Viena, liderados por Moreno, que podiam ajudar os imigrantes em sua desgraça, encontrando-lhes trabalho ou conseguindo dinheiro para que pudessem continuar a viagem ao seu destino: Nova York, Chicago, Montreal, Buenos Aires, Jaffa, ou onde quisessem ir.

O grupo era constituído pelo próprio Moreno — o homem atuando como Deus; Chaim Kellmer, *hassid* de Czernowitz e doutor em filosofia que desistiria de trabalhar como agricultor, uma criatura cálida e humana com rosto de querubim; Jan Feda, de Praga; Hans Brauchabar, médico vienense que depois se mudou para a Rússia e lá desapareceu; e Andreas Petö, poliglota de Budapeste, que chegou a desenvolver um método para o tratamento de crianças com deficiências motoras.

A fama oriunda dessa inesperada tarefa agradou Moreno. Ela apenas tinha acontecido, não fora planejada.

Nessa época, Moreno estava tão envolvido e exagerava tanto em seu papel de benfeitor da humanidade, de santo, que não percebeu quanto sua conduta soava paradoxal e ridícula entre as pessoas simples.

Bem mais tarde, ele compreendeu que era apenas um componente normal de sua atitude, não muito diferente da conduta de outros adolescentes[47].

Moreno disse que o psicodrama da sua vida antecedera o psicodrama como método. Ele foi o primeiro paciente da terapia psicodramática, protagonista e diretor ao mesmo tempo. Com a ajuda de desinteressados egos-auxiliares, o povo que o rodeava, ele desenvolveu uma ampla realidade, um novo mundo, que a cultura da época não podia prover. Com essas experiências e acompanhado pelo sucesso veio a vitalidade que o levou a aplicar essas técnicas em outras pessoas. Também entendeu que desenvolvera um poderoso veículo para uma revolução cultural. Fora desafiado, porque não só tinha se auto-inspirado para fazer seu papel, mas inspirado o povo a atuar com ele.

Moreno não queria apenas se tornar um profeta, mas também parecer um deles. A barba por fazer era parte disso: ele partia da premissa de que não deveria interferir na natureza espontânea do corpo. Com o passar dos anos, sua barba assemelhava-se às que aparecem nas pinturas medievais de Cristo. Parecer paternal e sábio, antecipando a velhice, era exatamente como deveria ser um jovem Deus[48]. Além disso, passou a usar uma capa verde que chamava a atenção e acentuava ainda mais seu aspecto excêntrico.

Certa vez, foi procurado por uma mãe aflita. Muito preocupada com sua filha travessa e incurável mentirosa, pediu que trabalhasse com ela (Liesel). A moça estava para ser expulsa da escola, pois só causava problemas. Contava mentiras terríveis ao pai a respeito de sua mãe, provocando sérios problemas entre eles. O pai era alfaiate, e a família, bastante pobre. A vizinhança comentava a respeito da profética santidade de Moreno, que apesar de ser muito jovem, era muito procurado pelas pessoas.

Liesel melhorou sob sua preceptoria. Moreno descobriu que ela tinha excelente talento dramático e encorajou a mãe da moça a permitir que recebesse uma educação teatral. Liesel tornou-se

Elisabeth Bergner, uma das mais famosas atrizes dos palcos alemães na década de 20. Moreno foi lembrado em termos bastante carinhosos na biografia de Elisabeth escrita por Arthur Eloesser.

Moreno insistia em que um indivíduo só não tinha autoridade suficiente: era preciso representar um grupo, pois era do grupo que viria o novo mundo. Assim, Moreno saiu à procura de amigos, de seguidores, de gente boa. Sua nova religião era a religião do ser, da autoperfeição. Era a religião do auxílio e da cura, porque isso era mais importante do que falar. Era uma religião de silêncio, de fazer-se uma coisa pela própria causa, sem recompensa, sem reconhecimento. Era a religião do anonimato.

A nova religião exigia resignação, apenas ser e obter satisfação imediata desse estado de ser. Se o amor e a amizade florescessem, deveriam ser plenos e guardados no momento, sem esperar qualquer retribuição ou compensação.

Por volta de 1908, Moreno voltou à escola, agora a Universidade de Viena. Ele não concluíra o colegial, mas estava apto a fazer as provas e ingressar na universidade, como aluno regularmente matriculado. A intensa vida religiosa não o impediu de continuar os estudos.

O primeiro encontro que Moreno tentou foi com as crianças. Voltou para elas. Entrou nos lugares em que elas brincavam. Em vez de lhes falar em linguagem simples, contava-lhes histórias. Mas descobriu que era incapaz de repetir a mesma história duas vezes. Sentindo como que uma obrigação, consigo mesmo e com as crianças, de manter o estado de deslumbramento, mesmo que o assunto fosse o mesmo, procurava manter o sobrenatural, a espontaneidade e a criatividade para que as severas exigências do seu ego permanecessem vivas, o que não lhe dava a "permissão profética" de ser menos do que isso.

Ele queria dar às crianças a capacidade de lutar contra a sociedade estereotipada, contra os robôs, através da espontaneidade e da criatividade. Foi nesse trabalho que suas teorias da espontaneidade e da criatividade se cristalizaram[51]. E foi assim, atuando no papel de Deus, que Moreno começou, nos jardins e nas ruas de Viena.

Certo dia, caminhando por um parque, viu um grupo de crianças brincando. Parou e começou a contar uma história para elas. Para sua surpresa, outras crianças interromperam o que faziam para ouvi-lo. O mesmo fizeram as babás, as mães, os pais e o policial em seu cavalo.

Desde então, um de seus principais passatempos era sentar-se ao pé duma árvore, e deixar que as crianças viessem ouvir as histórias que contava. As histórias, em si, não eram tão importantes como o ato, a atmosfera de mistério, o paradoxo, a conversão do irreal em real e a exploração da fantasia.

Moreno tinha uma idéia fixa, que mais tarde foi considerada uma excentricidade, mas que hoje poderia ser chamada, agora que o mais difícil estava por vir, de "a graça de Deus". Essa idéia fixa tornou-se um manancial de produtividade. Proclamava que existia uma espécie de natureza primordial que era imortal e se renovava a cada nova geração; um universo primordial que continha todos os seres e onde todos os acontecimentos eram sagrados. Moreno gostava desse reino encantado que lhe era revelado no papel de Deus junto às crianças, porque as mantinha ligadas a ele.

Com seu trabalho procurou demonstrar sua posição contrária à teoria psicanalítica dos heróis e gênios que abundavam em Viena, na qual afirmavam que todos eram pacientes mentais, em maior ou menor grau. No final, eram todos tocados pela insanidade. Além disso, queria demonstrar que o homem que apresentava sinais de paranóia, megalomania, exibicionismo e outras formas de desajustamento social poderia ainda ser bem controlado e saudável. Na verdade, esse homem podia ser mais produtivo ao exteriorizar seus sintomas do que se tentasse resguardá-los e resolvê-los. Moreno era a antítese da doutrina psicanalítica, demonstrando, com sua própria vida, o protagonista do psicodrama: *A única forma de livrar-se da síndrome de Deus é representando-O.*[52]

Ele diz: "Para nos livrarmos da Síndrome de Deus devemos representar o papel de Deus". Essa frase, aparentemente difícil de ser entendida, exige reflexão.

Em primeiro lugar, é preciso entender o que é síndrome. Segundo a propedêutica médica, *síndrome* é o conjunto de sintomas e sinais (subjetivos e objetivos) que caracterizam uma doença.

Para nos livrarmos de uma síndrome mental precisamos, em primeiro lugar, exteriorizar os sintomas. O que nesse caso deve ser feito através da representação no palco psicodramático, realizando o que Moreno, em outra de suas afirmações diz: "Realizaríamos uma viagem transcendental da qual retornaríamos intocados". Continuaríamos sendo os mesmos, mas de alguma forma estaríamos mudados, enriquecidos pela experiência vivida e, portanto, mais criativos.

Complementando o raciocínio, Moreno procura enfatizar o que a psiquiatria denominou "mecanismo de onipotência", que existe de forma natural em diversas fases da vida, especialmente na infância e na adolescência.

Lembremos aqui do jogo de Deus que Moreno realizava quando criança, lançando-se no ar, convencido de que era Deus, onipotente portanto, porque podia voar. Mas ele cai e fratura o braço, o que o traz de volta à realidade de que é apenas um ser humano. Essa é uma fase que deve ser superada para que nos tornemos adequados e adultos.

Em suas inúmeras afirmações, Moreno nos transmite a mesma mensagem: a importância do *acting out* dos sintomas neuróticos para a possível cura.

A única conversa que ele manteve com Freud aconteceu em um congresso médico, quando este o inquiriu:

— E agora, Dr. Moreno, o que é que o senhor está fazendo?

E Moreno respondeu:

— Começo onde o senhor, Dr. Freud, termina: ensino as pessoas a sonhar novamente[53].

A posição de Moreno face ao comunismo é relatada num encontro com Leon Trotsky em Viena, antes da revolução russa. Disse Trotsky a Moreno:

— A política é a maior de todas as ciências.

— Pode ser — respondeu Moreno —, mas por onde se começa? Parece-me que, antes de entrarmos na política, devemos fazer alguma coisa mais. Aqui estamos, face a face, mas a distância entre nós é notoriamente grande. Parece maior do que a distância que há entre nós e o céu lá em cima, a milhões de anos-luz de distância. Como poderemos atravessar a ponte que há entre mim e você?

Segundo Moreno, o marxismo e o freudismo têm uma coisa em comum: tanto um quanto o outro rejeitam a religião e repudiam a idéia de uma comunidade baseada no amor espontâneo, desinteressado, generoso e santificado, e no cooperativismo ingênuo. Ele tomou uma posição oposta ao pensamento freudiano e marxista, ambos contrários à religião positiva. O fato de o cristianismo, o budismo, o judaísmo e outras religiões do passado não terem comprovado sua eficácia, não significa que os conceitos religiosos, em si, sejam falhos. A proposta de Moreno era que a religião deveria ser tentada novamente. Mas um novo tipo de religião, com inspiração modificada e as técnicas melhoradas pelos discernimentos fornecidos pela ciência, e de maneira nenhuma excluindo algumas modificações introduzidas pelo marxismo ou o freudismo[54].

Para Moreno, o valor e a essência de cada texto estão na leitura e na interpretação de cada indivíduo, baseadas em suas vivências. Nesse congraçamento de idéias, ele já demonstrava uma visão holística da humanidade.

O HASSIDISMO

Em torno de 1750, aparece essa nova corrente dentro do judaísmo, criada por Baal Shem Tov (o mestre do Bom Nome), rompendo com as formas tradicionais de praticar a religião judaica, dando-lhe um novo conceito sem alterar seus princípios e o conteúdo, e acrescentando um novo enfoque através da leitura diferente da Torá e seus mandamentos.

O hassidismo é um movimento que surgiu no judaísmo no século XVIII e consiste numa forma de secularização da vida religiosa mediante a difusão de sua prática em todos os momentos da existência humana.

A secularização representava a deselitização da prática religiosa, possibilitando ao homem transformar sua vida num constante e perpétuo contato com a divindade, o que antes só era considerado verdadeiro nos momentos de prece, nos templos, nos ofícios sagrados.

O objetivo é, sobretudo, desmistificar a dicotomia entre o profano e o sagrado, fazendo com que a vida profana seja conscientemente devotada à santificação porque tende a fornecer aos fiéis melhores condições de servir a Deus.

Essa prática foi difundida e salvou a própria existência do judaísmo, antes reservada quase somente aos iniciados na religião e em seus livros sagrados.

Sabemos que a Torá, ou Pentateuco, inclui os cinco livros de Moisés desde a criação do mundo até chegada dos judeus à

Terra Prometida, comandados por sumos sacerdotes, e a construção do tabernáculo onde eram realizados cultos e sacrifícios a Deus.

Vários movimentos anteriores ao século XVIII já eram conhecidos pela denominação de hassídicos, porém o hassidismo a que aqui nos referimos é o beschtiano, iniciado pelo Rabi Israel Baal Shem Tov.

"Hassidismo" significa piedade devota, devoção total do homem a serviço de Deus.

Até Baal Shem Tov, o judaísmo pregava que a alma, ou espírito puro do indivíduo, estava contida na matéria frágil e imperfeita, responsável por impedir que a alma se purificasse e se elevasse até Deus, um vez que o objetivo do homem é crescer constantemente para atingir a perfeição. Então, este corpo material deveria ser constantemente punido, para que o homem se lembrasse de que sua principal tarefa era a purificação da alma. Realizava-se a purificação através da autoflagelação, de jejuns constantes, dormindo no chão frio sobre pedregulhos, e outras formas diversas de sofrimentos corporais.

Baal Shem Tov faz uma nova leitura da Torá e seus mandamentos e entende que, para que o espírito seja forte e possa evoluir, o corpo, ou matéria, deve estar em boas condições. Esse corpo material é o santuário no qual a alma está contida e, portanto, para purificá-la e permitir que se eleve, nosso corpo também deve estar em perfeita harmonia. Caso contrário, a atenção espiritual é desviada para as dores físicas.

Mais ainda, a purificação da alma deve acontecer através da alegria, sempre com alegria, com júbilo. Dessa forma, estamos constantemente descobrindo e reconhecendo a grandeza dos ensinamentos divinos, o que nos aproxima cada vez mais da purificação e do próprio Deus.

Baal Shem Tov, ou Besht (abreviatura do seu nome), sai, portanto, dos círculos das sinagogas e vai pregar junto à natureza, praticando o que chamaria de contato direto com a Criação. Assim sendo, sua mensagem é que Deus nos criou para louvá-Lo com alegria, e é esse o primeiro estímulo positivo para se chegar até Ele.

Como se vê, há uma mudança radical na leitura da Torá e de sua mensagem, sem modificá-la na essência. Essa é uma das características mais marcantes do hassidismo, uma vez que estimula permanentemente o indivíduo ao estudo, na tentativa de interpretar com mais clareza e profundidade a mensagem de Deus, Sua Criação e objetivos da mesma.

Antes do advento do hassidismo, o judaísmo se dedicava ao estudo da divindade através da Torá e da Cabala. Os judeus da época achavam que praticando o ascetismo conseguiriam alcançar Deus. Entre eles estava o Rabi Moshé Cordobero, que desenvolveu elevados pensamentos de conteúdo abstrato a respeito de Deus e da criação, do espírito e da matéria. Outro rabino, Ari, deteve-se no homem e em seus atos, propondo a penitência como um dos meios para calar as exigências corporais. Achava que através da punição corporal e da repressão dos anseios do corpo se poderia alcançar a comunhão com Deus.

Existia uma Cabala teórica que centrava a atenção nos problemas referentes à essência da divindade, às influências da Torá e aos preceitos sobre o mundo e aos outros.

A Cabala prática tratava de utilizar as forças divinas ocultas para realizar milagres e produzir feitos sobrenaturais através de palavras sagradas, combinações de letras e outros meios semelhantes.

A idéia central da mística judaica é o *Tikun*, a emenda e a salvação do mundo. Convertia-se o ser humano no centro da Criação, já que dele dependia o destino do universo. Suas ações podiam decidir a salvação. Qualquer geração tinha condições de trazer a redenção. Só era preciso desejar isso de todo o coração e acompanhar o desejo com a ação. O fato é que, apesar de essa idéia não ser nova, a salvação do mundo dependia exclusivamente das ações do homem. Isso sim era uma novidade. O que os seres humanos deveriam fazer para trazer a redenção? A essa pergunta Ari respondia: "Arrepender-se e retomar o caminho do Bem (*Teshuva*)".

Esse caminho devia consistir em penitências, em dominar os instintos e, a seguir, estudar e orar fervorosamente.

Era imprescindível privar-se dos prazeres mundanos para servir a Deus plenamente e estabelecer a comunhão total com o Supremo Criador.

Essa concepção ascética da vida diferia totalmente daquela concebida mais adiante, no século XVIII, pelo iniciador do hassidismo, o Rabi Israel Baal Shem Tov. Para ele, a Divindade não era exclusiva do céu, mas também se encontrava na terra, ao alcance do homem, pois "Não há praticamente lugar no mundo que não seja ocupado pela Sua Presença".

Baal Shem Tov afirmava que Deus ocupa todo o universo até em todos os níveis, e é este o sentido oculto das palavras "E Tu vivificas todas as coisas" (Nehemias IX, 6). A Divina Providência compreende todos os mundos, sem exceção. O bom e o ruim fazem parte da Criação.

O homem não deve se mortificar nem se torturar com jejuns ou outros meios ascéticos, mas alegrar-se e gozar a vida, pois só através da alegria poderá alcançar as mais altas esferas do amor a Deus e ao próximo.

É melhor que o esforço investido no jejum seja dedicado ao estudo da Torá e à oração, para que as preces sejam ditas com todas as forças do ser e as devidas intenções. Os ensinamentos de Baal Shem Tov calaram fundo no povo, e seus seguidores abandonaram a vida ascética.

Dessa forma, o Besht introduziu uma nova forma de servir a Deus através da alegria, mesmo que não invalidasse a santidade dos ensinamentos de Ari. Dizia que a senda que conduz a Deus era muito mais simples. Toda pessoa, mesmo a mais ignorante, podia associar-se ao Todo-Poderoso; bastava que tivesse bom coração, que acreditasse sinceramente no Supremo Criador e que seguisse por Seus caminhos com alegria, sem jejuns ou tristezas; só assim Deus estaria com ela. Para constatar Sua Grandeza bastava olhar uma árvore, ou a grama, ou qualquer das suas criaturas, sem precisar recorrer a árduos raciocínios.

Baal Shem Tov foi um grande conhecedor da alma humana, e seu coração irradiava um infinito amor pelo homem e toda a Criação. Gostava da gente simples e se aproximava das massas para introduzir-se profundamente em sua vida, acompanhando-as, falando sempre a mesma língua, consolando e animando com histórias e parábolas simples baseadas em fatos cotidianos, tornando-se pai, irmão e amigo dos seus seguidores. A constante pregação do amor a Deus, à Torá e ao homem criou raízes profundas no judaísmo e tornou-se o fundamento do movimento hassídico[55].

Moreno foi influenciado por essa filosofia e traduziu-a em ações. Basta lembrar as sessões de contos que fazia com as crianças nos parques de Viena, o trabalho junto às prostitutas e aos refugiados. A meu ver, em certos aspectos existe um paralelo entre esses dois homens.

A aparição de Baal Shem Tov no palco da vida judaica, no início do século XVIII, pode ser considerada uma salvação para o povo judeu, que se encontrava numa situação amarga. Depois de duas grandes catástrofes, uma física e outra espiritual, o povo estava num estado depressivo. Eram os tempos posteriores às matanças de Jmelnizki (1648-49) e à desgraça do Shabtai Tzvi (o falso Messias que surgiu na época). O povo estava tão abatido física e espiritualmente que sua própria existência estava ameaçada. O Rabi Israel Baal Shem Tov, criador do hassidismo, não deixou nada escrito, exceto algumas cartas ao seu cunhado, o rabi Gershom, de Kiev.

Os grandes dirigentes religiosos não eram partidários de coisas como essas. Para eles, o fundamental era a palavra oral, vital, viva, a palavra fogosa. Com diz o profeta, "O Espírito de Deus está sobre mim e Sua Palavra sob a minha língua". Depois, discípulos e seguidores de Baal Shem Tov deram uma certa ordem aos seus ensinamentos e os registraram em dois livros, *Keter Shem Tov* e *Tzaavot do Baal Shem*, além de uma série de relatos a seu respeito. Nesses livros estão as idéias filosóficas do Besht: "A gente se dedica muito ao estudo, e isto é, na maioria dos casos, obra do *ietzer hará* (instinto do mal). Cada homem quer ser importante perante seus semelhantes e para tanto deve aspirar ser um estudioso. O instinto maligno domina o homem a ponto de não lhe permitir estudar aquilo que está relacionado com o moral e o temor a Deus, ao conhecimento de uma lei, porém o convence estudar a *Guemará* (uma parte do Talmud) e sua interpretação só pelo prazer de estudar".

Deus se encontra no alto, diz o Besht, mas desce até o último dos degraus. Este é o segredo do versículo "E Tu revives a todos": porque mesmo quando um homem comete um pecado, a divindade também está com ele. O Altíssimo está em todo o mundo, inclusive onde se peca. E Deus está presente não só naquilo que o homem faz, mas também nos pensamentos das pessoas.

Todos os elementos e criaturas do mundo, os minerais, as plantas, os animais e os homens, tanto os bons quanto os maus, estão contidos em Deus; e se alguém perguntar como é possível que Deus contenha elementos tão contraditórios como o bem e o mal, deve-se saber que o mal é como um apoio para o bem.

O mal absoluto também não existe, porque ele pode, às vezes, produzir o bem. Então tudo se transforma em bem, como se uma casca fosse eliminada.

Assim, também, a lei está limitada pelo princípio da justiça. A lei mais crítica pode converter-se em justiça.

Podemos deduzir, portanto, que não há má ação, porque toda má ação pode transformar-se em boa. Em cada mal há uma centelha de bem, assim como toda mentira tem algo de verdade; e o que é malvado tem nos seus atos e condutas o que o justo tem em sua espiritualidade. Por exemplo, o malvado não se satisfaz com o que tem e quer cada vez mais; o justo, por sua vez, não se satisfaz com as boas ações que realiza e sempre quer praticá-las mais.

O homem é parte da Divindade e está estreitamente ligado aos mundos elevados que recebem a influência de homens que são bons ou maus. A influência do homem sobre os mundos elevados é, na opinião de Baal Shem Tov, talvez maior do que a influência desses mesmos mundos sobre ele. O Besht diz que o comportamento do homem para unificar-se com o Divino deve se realizar através da espiritualidade, para que a união seja completa. Portanto, é preciso fazer com alegria, sem lamentos ou humilhações, não como um escravo que faz tudo para o seu senhor, não como um homem menor que faz para outro que considera superior, não como um pecador diante do seu juiz, mas com alegria e contentamento, como um filho junto ao seu pai.

O hassidismo foi, portanto, um dos maiores movimentos religiosos do judaísmo, e dos mais significativos, pelo menos para a modernidade judaica.

Vários fatores contribuíram para que, na Europa oriental, onde já se concentrava uma das mais densas comunidades da diáspora, a pregação pietista alcançasse, pelo pensamento de Besht, uma amplitude antes desconhecida, ganhando rapidamente as massas. Naquele contexto, após as terríveis matanças cossacas do século XVII, a atividade econômica judaica perdera todo impulso, o que, aliás, foi acentuado pelo estancamento geral resultante das lutas e divisões que precederam a partilha da Polônia e o domínio imperial russo.

Reduzida ao nível quase vegetativo na sua ação comercial produtora, e condenada à inevitável pauperização com o desmantelamento do quadro em que outrora exercia uma função primordial, a vida das judiarias dentro dos estados feudais da região converteu-se numa luta inglória pela subsistência, onde, sem a menor segurança política e religiosa, campeavam a miséria e a necessidade. Por outro lado, com os sucessivos malogros dos movimentos pseudomessiânicos, sobretudo de Shabtai Tzvi, começaram a bruxulear as esperanças de uma rápida libertação coletiva, vivamente nutridas no século XVIII (Revolução Francesa). Embora a fé permanecesse intensa, nada mais parecia viver sob a casca espiritual e ortodoxa; e o espírito que, como dizemos hoje, é o projeto nacional e religioso do judaísmo, parecia relegado a uma expectativa infinita e incompreensível. Na verdade, se algo ainda latejava dentro da rigidez preceitual da sinagoga, quase asfixiada sob o peso das proteções tradicionais e rabínicas, era o misticismo cabalístico da escola luriana que ainda contava com o "entusiasmo" dos inconformados e o dinamismo romântico diante do imobilismo clássico do rabinismo, dos que desejavam, principalmente os letrados, abrir caminho para uma nesga de horizonte celeste ou terreno. Não é de admirar que tantos deles desembocassem na religiosa irreligiosidade do culto à deusa Razão, com a ilustração européia. Mas isso seria, pelo menos naquele estágio histórico, uma opção individual, reservada a poucos; para a maioria do povo, ainda totalmente inserido no edifício social e cultural do gueto, essa perspectiva não só era impensável como nem sequer era proposta.

O que lhes era apresentado e o que, na realidade, estavam aptas a receber no âmbito de suas condições e sentimentos sócioreligiosos, era o que o fundador do hassidismo lhes ofereceu: a "democratização" da vivência religiosa e, conseqüentemente, das esperanças do além, através da comunhão mística e eufórica, revitalizadora e redignificadora da "mísera" existência no mundo do humilde, do pobre e do oprimido judeu. Com efeito, a centelha que o Mestre do Bom Nome acendeu em seus beatos foi a santificação da hora corrente pela alegria e pelo fervor da *Kavaná*, da intenção: a prece do iletrado, independentemente da maceração ascética, podia então ascender às esferas divinas, desde que fosse dedicada com sinceridade entusiástica. O cântico e a dança dionisicamente ofertados elevam a alma em êxtase e geram a união dos corações, que é o que importa e toca a Deus mais do que a rotina cerimonial.

Existe a história de um pastor que fazia suas preces à sua maneira, sem obedecer às fórmulas sacramentais, as quais desconhecia. Certa vez, um rabino ouviu suas orações e o advertiu de que aquela não era a maneira correta de orar.

O pastor desculpou-se de não poder fazer suas orações segundo os livros, porque não sabia ler.

O Rabino ofereceu-se para ensinar-lhe as preces corretas, convidando-o para visitá-lo regularmente. Em pouco tempo, o pastor aprendeu-as e memorizou-as.

Passado algum tempo, o rabino voltou a encontrar o pastor, que já não orava como antes. Perguntou-lhe, então, por que não orava mais. O pastor disse que havia esquecido as orações e que também já não se lembrava de como as fazia antes.

Preocupado, o rabino consultou um superior que, com toda sabedoria, o admoestou pelo fato de ter inibido as preces originais do pastor, que por serem espontâneas e sinceras eram muito mais piedosas e faziam com que os céus tremessem.

Da mesma maneira, em meio às agruras e tristezas de seu sombrio cotidiano, a população das cidadezinhas judaicas da Europa oriental passou a encontrar na religião uma fonte inesgotável de júbilo, um sentido para a existência profana, aqui e agora.

O homem que realizou a transmutação do "cabalismo em ética", segundo a expressão de Buber, foi Rabi Israel, dito Baal Shem Tov. Embora os elementos supostamente biográficos desempenhem um papel nuclear na literatura hassídica, trata-se de dados extremamente trabalhados pela lenda e convertidos em outros momentos exemplares de uma "vida de santo". Tanto que, para o hassidismo, Baal Shem Tov não é apenas o homem que formulou uma doutrina ou um sistema, mas a própria encarnação dessa doutrina, pois sua existência é a própria revelação do sistema; uma e outra coisa estão inextricavelmente unidas na sua personalidade de *tzadik*, de justo e de santo.

Assim, abundam relatos de signos que anunciam aos pais um filho marcado pelos céus e destinado a uma vida incomum, se o próprio herói, desde os mais verdes anos, já se mostrar consciente de seu papel, ou o intui negando ou derrogando padrões consagrados de idéias e práticas. Nada disso contribui, como em tantos outros casos de mitificação, para a recuperação factual e o traçado objetivo de uma biografia, em nível dos eventos dessacralizados.

Acho interessante abrir um breve parêntese e transcrever um episódio da vida de Moreno, relatado em sua autobiografia, que demonstra a consciência que possuía de seu destino especial.

"Quando eu tinha um ano de idade, fui afetado por uma grave doença, o raquitismo. Meu apetite era pobre, perdia peso. Minhas pernas e meus pés estavam deformados. Eu não conseguia caminhar. Fui levado de médico em médico, mas nenhum dos seus remédios funcionava. Ninguém sabia como me ajudar. Eu estava definhando.

"Um dia, minha mãe me ninava em nosso jardim, quando uma velha cigana passou. Ela parou quando percebeu as minhas condições e perguntou para minha mãe:

'— O que está acontecendo com esta pequena criatura?'

"Minha mãe, chorando, contou à velha o meu caso. A cigana moveu a cabeça, apontou para mim um dedo ossudo e profetizou:

'— Virá o dia' — ela parecia estar olhando dentro do futuro — 'em que ele será um grande homem. Pessoas de todas as partes do mundo virão vê-lo. Ele será um homem muito sábio e muito gentil. Não chore'.

'Meu filho está tão doente' — disse minha mãe.

'— Ele ficará bom' — disse a velha cigana —. 'Faz o que te direi. Vai e compra um grande saco de areia e esparrama-o no teu jardim. À tarde, quando o sol está mais quente, põe o bebê sobre ela e o sol curará teu bebê da doença'.

"Minha mãe fez o que lhe foi indicado. Em poucos meses eu estava curado. No outono, quando as folhas começavam a cair, eu estava outra vez no jardim com minha mãe, caminhando e brincando. A cigana voltou. Ela parou e olhou para mim, seu rosto brilhando de alegria. Parte de suas predições havia se realizado..."[56].

Não existem dados precisos sobre Baal Shem Tov e sua origem. Sabe-se apenas que nasceu por volta de 1700 na localidade de Okupi, na fronteira da Galícia polonesa com a Valáquia. Seus pais, um certo Rabi Eliezer, e sua esposa, ambos piedosos a virtuosos (como costuma acontecer), teriam chegado à velhice sem filhos. Um aviso angelical premiou-os por seus sofrimentos e provações. Seja como for, parece que Baal Shem Tov ficou órfão cedo e foi educado pela comunidade.

Adolescente, instruiu-se no Talmud e na Cabala. Já nessa época, preferia as meditações solitárias pelos bosques em vez do aprendizado corriqueiro.

Enviuvou da primeira mulher e casou-se pela segunda vez com Hana. Ao cabo de vários anos, em que as condições materiais se empenhavam em frustrar seu destino e sua flama sagrada transpunha todos os óbices expandindo-se interiormente, em contemplação mística, em piedade e exemplaridade, sua preparação estava completa e a figura de Baal Shem Tov, pronta para se apresentar no cenário de sua revelação. Reza a tradição que o santo rabi tinha 42 anos quando revelou seu verdadeiro caráter e sua missão perante algumas almas talmudistas e eruditos que viriam a constituir o núcleo de seus adeptos, os hassidim (da mesma maneira que Moreno aguardava sua hora da graça).

Daí em diante, desenvolveu-se seu apostolado, não sob a forma de prédica, mas de conversação com amigos e discípulos, colóquios pontilhados de parábolas, anedotas e ditos populares, judaicos ou não, que se converteram em fonte de um rica elaboração folclórica e na base dos ensinamentos do hassidismo. O êxito da propaganda hassídica, que em pouco tempo ganhou adesões maciças, transformou o que poderia parecer um mero grupo sectário em amplo movimento social e religioso.

A doutrina de Baal Shem tem como centro o conceito da universalidade da presença divina ou da imanência, o que lhe infunde um forte traço panteísta. Deus habita em tudo, e tudo o que foi criado, seja material ou produto do pensamento, deve a Ele sua existência. Assim, por toda parte arfa o sopro divino, e por trás de nossas piores idéias é possível encontrá-Lo, desde que nos empenhemos. Nessa ética, o pecado é resultante da ignorância, assim como o mal é apenas um nível inferior do bem. O homem, em qualquer degrau de sua abominação, não deve sentir-se definitivamente condenado. Pode sempre recuperar a luz da divina presença pelo arrependimento, que em um instante transcende quaisquer limitações de espaço e tempo.

Ninguém é irrecuperável. E a recuperação do pecado, que é o resgate de uma "centelha decaída", causa o júbilo de Deus, cujo radioso reflexo volta a iluminar, na face mais obscurecida e deformada, a semelhança divina.

Nessas condições, a verdadeira prece não decorre da mera prática ritual, da piedade aparente ou da erudição, decorre da aplicação e do intuito da devoção interior. Ao proferir sua oração, o crente deve desfazer-se de seu fardo de pequenas misérias e desejos, e despojar-se da própria individualidade de modo a elevar-se ao reino das alturas, de onde só retornará por graça divina, pois terá comparecido perante o próprio Deus, se conseguiu suprimir realmente o lastro egocêntrico e deu asas à espiritualidade exigida pela prece genuína.

Vê-se por esse quadro que um dos pontos principais do hassidismo é a piedade, *hassidut*. De fato, em essência trata-se de uma corrente pietista impregnada da idéia do serviço a Deus. Ela consiste não apenas no cumprimento das prescrições consagradas, mas também na sagração do que não está prescrito.

Os seres mais ínfimos, as ações mais banais, tornam-se outras formas de cultuar, virtual e energeticamente, a glória divina. Esta se manifesta como potência e amor, mesmo nos demônios tradicionais dos misticismos pela via ascética, pelas funções e pelos prazeres da vida.

Para Baal Shem Tov e seus beatos, que de modo algum conceituam qualquer diabolismo, as sensações e as demandas do corpo, quando praticadas não por elas mesmas mas por dedicação ao propósito e à perfeição da existência, espiritualizam-se e constituem atos a serviço de Deus, depurando e santificando o homem e sua vida neste mundo.

Dessa maneira, as coisas sagradas e profanas não são distintas nem separadas, assim como não o são, nos termos da Cabala luriana, as esferas terrena e celeste. Elas estão unidas e se completam numa totalidade universal, em que se processa, por gênese incessante, o dinamismo divino. Em conseqüência, não basta o conhecimento e o estudo da Torá, para servir a Deus devidamente. Apesar de eterna, a Sua revelação é como um fogo congelado que deve ser reavivado pela vivência e pelo coração. É mister reinterpretá-la, segundo os atributos da época, pois em cada uma prevalece um predicado divino, que para Baal Shem é o calor da emoção, a fim de que se revele a Sua Plenitude. A tarefa cabe principalmente ao chefe espiritual, ao justo, ao *tzadik* de cada geração. Mas todo homem, dentro de suas potencialidades, também deve tentar tornar-se um *tzadik*, dando corpo ao principal objetivo da Lei que é converter cada criatura humana em uma encarnação da Torá, em uma "Torá viva". Desta forma ele poderá através de si mesmo ou de seu intermediário eleito, o *tzadik*, unir-se a Deus.

Fica demonstrada, assim, a semelhança entre o hassidismo e a filosofia do encontro. Ambas predicam a devoção do homem para com seu líder, reconhecendo que através dele os altos níveis espirituais serão alcançados. Ao mesmo tempo, entende-se a intrínseca responsabilidade do justo para com o povo, pois ele deve descer do seu alto grau para a comunidade e criar uma dependência mútua.

Nessa união reside o sentido da obediência aos mandamentos, uma vez que cumpri-los fervorosamente, sobretudo a beatificação, é o fim último do piedoso trabalho.

Contudo, o verdadeiro serviço a Deus exige ainda o concurso de três sentimentos que se transformam em três degraus da virtuosa ascensão do hassid na "escada" da coletividade celestial: *Schiflut*, humildade, a modéstia em relação a si mesmo e o enaltecimento do outro; *Simjá*, o júbilo dos sentidos e a admiração da alma pela obra do Criador, pela descoberta gradual de Sua onipresença no universo; *Hitlahavut*, entusiasmo, o inebriado fervor e a devoção exaltada que deve inspirar todo ato de fé e arrebatá-lo para o êxtase da comunhão com Deus.

A volta da celebração orgiástica, do entusiasmo dançado e cantado, do carisma do *tzadik* e do culto a sua personalidade de "santo" e "justo", a encarnação mística e ética do "mediador" entre o céu e a terra, geraram uma religiosidade "ébria de Deus". Mais ainda, na medida em que os místicos que atingiram seu objetivo espiritual voltaram para o povo o seu conhecimento místico, revelando o conteúdo de suas experiências mais pessoais, uma nova consciência sócio-religiosa desperta no judaísmo.[57]

A CABALA E O HASSIDISMO

O cabalista ergue os olhos para o céu e contempla as leis e os ritmos ocultos da vida divina. Ele descreve o que se passa na intimidade da existência divina, e todos os processos representam a estrutura metafísica do mundo como um todo.

O hassidismo se inspira na Cabala e se alimenta dela, mas desloca o centro espiritual do mundo divino para o humano, propondo a doutrina do homem e não de Deus. O centro da atenção passa a ser o homem, sua existência, seus desejos, suas aspirações, seu amadurecimento religioso e moral e os mecanismos dessas realizações. "Tudo se baseia na idéia de que o homem é o lugar por excelência onde a existência divina se revela."

Ao contrário dos cabalistas, que distinguem o aspecto transcendental oculto da divindade — *Ein Sof*, infinito — do seu aspecto revelado — o mundo das *Sefirot*, as emanações das profundezas da fonte divina oculta —, o hassidismo desloca o eixo do pensamento da teosofia para a psicologia.

O hassidismo é, portanto, diferente do cabalismo. O primeiro observa o que se passa dentro do ser humano e o segundo, o exterior e as alturas.

Contemplando o interior, o hassidismo disseca as diversas camadas que constituem a alma humana e as põe a descoberto, uma após a outra.

De fato, a presença divina está lá, e o homem deve desvendar seus mistérios. Ele consegue isso descendo ao mais profundo de si para um encontro místico, sem dar um passo para fora, sem abandonar os limites de sua individualidade. Ele consegue atingir os mundos superiores que estão acima da hierarquia cósmica e ligar-se interiormente à existência divina, a uma faísca que se esconde nele. Assim, o homem descobre que Deus existe dentro dele.

Ao contrário da Cabala, que numera as partes da alma, explica suas origens e seu funcionamento, e traça um perfil de seu destino no mundo após a morte, a linha hassídica esforça-se para descobrir o aspecto dinâmico da doutrina da alma e revelar os processos complexos que acontecem dentro dela.

Quando o indivíduo se contenta com seus limites, com a pequena dimensão de seu ponto de vista em relação às coisas, instala-se confortavelmente em si mesmo e se nomeia "EU", desprezando o resto e cultuando a si mesmo.

Essa experiência faz com que ele fique girando constantemente ao redor do seu "eu", fechando os espaços, elevando muralhas e barreiras, enchendo seu coração de veneno e solidão.

Um "eu" fechado e muito inchado é uma *Kelid*, casca, da qual ele é prisioneiro, assim como a faísca de santidade presa na iniqüidade.

O homem deve, portanto, romper a individualização que limita seus conhecimentos, afastar a preponderância egoísta, derrubar essas barreiras e descobrir que a luz divina brilha tanto ao seu redor com em seu interior.

A reparação do indivíduo, *Tikun*, permite unir a luz divina que habita na alma humana à mesma luz que brilha em seu exterior.

O HASSIDISMO DE MARTIN BUBER

Quando me referi à influência que Buber teve sobre Moreno, principalmente em relação ao hassidismo, tomei como base o próprio pensamento de Buber, um filósofo do hassidismo, e o que ele considerava ser uma resposta para o modo de vida do homem ocidental.

Para Buber, o hassidismo não era uma doutrina a ser seguida por seus adeptos de uma maneira específica, mas um estilo de vida mostrado pelos comentários extraídos dessa doutrina. A doutrina existe para ser aprendida e a conduta, para ser seguida.

Os relatos que chegaram a Buber a respeito dessa forma de conduta foram considerados por ele um gênero literário ao qual chamou de "anedota lendária". Isso porque não foram desenvolvidos como idéias ou tentativas literárias, mas como uma necessidade de fornecer uma realidade objetiva à expressão verbal.

Trata-se da realidade da vida exemplar de grandes chefes hassídicos, a qual não era narrada como biografia, mas através de uma infinidade de exemplos, de acontecimentos, de pessoas que falam, mas quase sempre se dedicam mais a agir e viver, apesar de o fato mudo também falar e proclamar o exemplo.

Por se tratar do relato de um acontecimento, de um episódio da vida, quando uma palavra era entendida, agia como um

59

episódio de vida. Por ser esse episódio transmitido sem nenhuma forma, cabia ao novo narrador reconstituir o acontecimento em sua pureza, nem mais nem menos. Nasceu, assim, a estrutura da anedota lendária: é anedota por apresentar um acontecimento que se basta a si mesmo; e é lendária porque se sustenta em palavras transmitidas por testemunhas que contam o fato da maneira como o entenderam.

Depois da glória e da queda desta vida nos guetos europeus, a essência da vida atingiu uma atualidade que, apesar de ser apenas uma lembrança, pôde realizar algo diferente da realidade antiga. Dessa maneira, criou uma resposta parcial, mas não ideológica, para a crise do homem do Ocidente. Deu-se a oportunidade da salvação cotidiana através da metamorfose que permitiu agir sobre as forças demoníacas.

O traço mais importante do hassidismo é vencer a separação entre o sagrado e o profano.

No judaísmo, a separação é nítida nas práticas rituais. Basta considerar as ações diárias introduzidas como bênçãos para perceber que a santificação penetra profundamente em coisas que, por elas mesmas, não são sagradas. Deus é louvado em todos os momentos da vida: ao despertar, ao mudar de casa, ao se usar uma roupa nova. Ele nos permite viver para experienciar cada momento e demonstra que o fato de estar vivo é santificado toda vez que a ocasião se apresenta. Mas chega-se à conclusão de que a separação entre o sagrado e o profano é apenas provisória, uma vez que as leis da religião delimitam apenas o terreno necessário para a santificação, onde se cumpre a preparação e a educação com vistas à santidade de cada ação. Sendo assim, quando o Messias vier, tudo será santo. O profano é visto como mero estágio preparatório para o sagrado.

O importante no judaísmo é a relação entre a ação do homem e a graça divina; em última instância, é um mistério que corresponde ao segredo da relação entre um e outro.

O homem não pode se auto-santificar, mas há na ordem da Criação algo que pode fazer e que se espera dele: o começo.

A primeira palavra do livro do Gênesis é *Bereshit*, "No começo". O mundo foi criado em prol do começo, para aquilo que começa, para o eterno recomeço humano. A essência da Criação significa uma constante escolha, de tal forma que o homem que escolhe começar entra na santificação, mas somente pode consegui-la como homem e sem pretender nenhuma santidade sobre-humana. Daí o mandamento bíblico "Deveis ser homens santos para mim", que é interpretado pelo hassidismo como: "Deveis ser humanamente santos para mim". Dessa maneira, é possível não haver separação entre o sagrado e o profano, pois em todo ato, lugar, hora ou momento pode florescer o sagrado.

Seguindo a idéia da anedota lendária, existe uma história do rabino Shmelke que, para não interromper seus estudos religiosos por um tempo prolongado, tinha o hábito de dormir sempre sentado, segurando por um tempo entre os dedos uma vela acesa que o acordava quando a chama tocava na mão.

Certa vez, o rabino Elimelech foi visitá-lo, e tomando conhecimento da força aprisionada de sua santidade, preparou-lhe um leito e fez tudo para convencê-lo a descansar por um curto espaço de tempo. O rabino Shmelke foi acordar quando o dia já estava alto. Ao se dar conta de quanto tempo tinha dormido, não se arrependeu, pois acabara de receber uma luz desconhecida. Foi à sinagoga oficiar, como já era de seu costume, mas a comunidade achou que nunca o tinha ouvido, pois toda a potência de sua santidade fora dominada e liberada. Ao recitar o Cântico do Mar Vermelho, os fiéis tiveram de arregaçar a roupa para que as ondas do mar não a molhassem.

Isso demonstra o caráter antiascético da doutrina hassídica: é desnecessário acabar com os instintos, porque toda vida pode ser santificada, ao ser preenchida de santa intenção. Ligada à doutrina hassídica a intenção do mito cabalístico das centelhas sagradas, em que "os vasos do mundo se quebram" por não poderem conter o transbordamento criador da pré-criação, as centelhas derramaram-se em todas as coisas e ficam nelas encerradas até que o homem as liberte através de boas ações (o espontâneo de Moreno).

Um ensinamento bíblico diz: "Todas as criaturas, plantas e animais oferecem-se ao homem, mas é pelo homem que são ofertadas a Deus. Quando o homem se purifica e se santifica, fazendo de todos os seus membros um sacrifício a Deus, ele purifica e santifica as criaturas". Vemos aqui a função que o homem exerce como intermediário cósmico, provocando em todas as coisas uma transmutação santa através do contato com elas. Esse pensamento é transmitido numa conversação entre um *tzadik* e seu filho:

— Com o que rezas? — pergunta ele ao filho.

Este compreende o sentido da questão: "Em que alicerças tua prece?"

— Com o versículo [extraído da liturgia da manhã de festas]: "Que toda alta estatura se prosterne diante de Ti".

Depois ele pergunta ao pai:

— E tu, com o que rezas?

E o pai responde:

— Com a prancha e o banco.

Não é uma simples metáfora. A preposição "Com" deve ser entendida no sentido mais imediato: ao rezar o rabi está ligado com a prancha sobre a qual está parado e com o banco no qual tomará assento, por serem coisas que, apesar de feitas pelo homem, também têm sua origem em Deus. O rabi eleva-os, assim, à Origem. Isso não deve ser entendido como uma destemporalização das coisas ou uma espiritualização do mundo. Outro rabino hassídico diz que a santificação do mundo consiste em deixar que Deus entre nele.

Para o hassidismo, permitir que Deus entre na vida do homem é compreendido de duas maneiras: uma, é através do aprendizado dos mandamentos divinos, para que o homem possa se aproximar de Deus. Outra é dada por um *tzadik* que diz que os povos da terra também crêem que existem dois mundos, porém separados um do outro. Mas o povo judeu afirma que esses dois mundos são, na realidade, apenas um e devem tornar-se um só.

Juntando essas duas idéias, entende-se o fundamento do pensamento hassídico como uma indicação de que a fé triunfa sobre a distância entre o sagrado e o profano, oferecendo sua palavra atual como o caminho a ser seguido na crise que o homem do Ocidente atravessa.

Marx pretendeu explicar essa crise como a alienação do homem provocada pelas revoluções industrial e tecnológica. A psicanálise explica-a pela neurotização individual e coletiva. Mas nem um nem outro dão uma explicação satisfatória para o que aconteceu ao homem desde sua criação.

A essas concepções o hassidismo opõe uma simples verdade: se o mundo atual perdeu o caminho da salvação, foi porque resistiu a introduzir o sagrado na vida cotidiana.

O cérebro não é apenas um órgão, mas tem um espírito, que sempre existiu e pode ser acolhido na realidade humana. Aquele que não procura o que realmente sente e o que vai no fundo de sua consciência, na essência de sua alma, não é apenas indigno do espírito, como também não merece viver.

O importante é sentir que as relações entre as coisas e os seres constituem o eixo central da existência. Ser incapaz de se encontrar com Deus é a decomposição da capacidade viva do Encontro.[58]

MORENO E BUBER

Por várias vezes, Moreno negou a influência que a obra de Buber, *Eu e Tu*, teria exercido sobre a sua concepção da "Tele".

Devo me curvar à afirmação de Moreno depois de ter lido a obra. O encontro de Buber e Moreno se dá mais em nível do pensamento místico hassídico do que em qualquer outro campo.

Martin Buber nasceu em Viena no dia 8 de fevereiro de 1878 e morreu em Jerusalém, em 1965. No plano do pensamento filosófico, ele poderia ser inserido na filosofia da vida.

"Se quisermos situar o hassidismo no contexto do judaísmo pós-bíblico, podemos considerá-lo, segundo M. Friedman, como o encontro de três correntes: a lei judaica apresentada na Halakhah Talmúdica; a lenda judaica expressa na Hagadáh; e a tradição mística judaica ou a Cabala. O hassidismo não admite divisão entre ética e religião. Não há distinção entre a relação direta com Deus e a relação com o companheiro."

O hassidismo retoma o ensinamento de Israel e dá a ele uma expressão prática. Já que o mundo é a "morada" de Deus, do ponto de vista religioso, ele se torna um sacramento. Para Buber, o hassidismo apontou e afastou o perigo da separação entre "a vida em Deus" e a "vida no mundo". Também tornou manifestas, em todos os seres e todas as coisas, as irradiações divinas, as ardentes centelhas divinas, e ensinou como nos aproximar delas, como lidar com elas e, ainda mais, como elevá-las, redimi-las e reatá-las a sua "raiz primeira".

A palavra é princípio, o fundamento da existência humana. E a palavra "princípio" (Deus criou com a Palavra), alia-se à categoria ontológica de "entre", para instaurar a situação bipessoal da relação. A palavra como diálogo é o fundamento ontológico do inter-humano.

O fato primordial para Buber é a relação. O escopo é apresentar uma ontologia da existência humana, explicando a existência dialógica, ou a vida em diálogo. As principais categorias da vida em diálogo são: palavra, relação, diálogo, reciprocidade como ação totalizadora, subjetividade, pessoa, responsabilidade, decisão-liberdade, inter-humano.

A problemática de Deus, ponto importante nas obras de Buber, é integrada na questão da pessoa humana, um ser de relação. Assim, "Deus será o Tu ao qual o homem pode falar e nunca algo sobre o qual ele discorrerá sistemática e dogmaticamente. O Tu eterno é aquele que nunca poderá ser um Isso".[58]

Entendo a relação Eu-Tu como a relação do Eu humano com o Tu Divino, o Tu Eterno: trata-se de uma conversa com Deus. Há outro Eu-Tu que relaciona o meu Eu Divino com o Tu Divino, que seria a relação da minha alma divina com a tua alma divina, como já dissemos em outras partes desta obra (a alma divina que existe nas pessoas), e que, em última instância, não seria mais do que a relação com Deus. Uma vez que a alma que existe nas pessoas é uma parte de Deus, interliga-se, assim, a minha Divindade com Deus. O Eu-Isso seria a relação com o mundo objetivo real em que vivemos, a relação com toda a natureza e a criação da terra e de todo o Universo, "Pois Deus ocupa todos os lugares".

Entendo que Buber, como filósofo místico, provavelmente inspirou-se nos Dez Mandamentos dados por Deus ao povo de Israel, ao escolher a interpretação cabalística que separa os cinco primeiros mandamentos como referentes exclusivamente ao relacionamento do homem com Deus, o Eu-Tu. Os cinco seguintes referem-se unicamente ao inter-relacionamento entre os homens, pois Deus não é sequer mencionado: o Eu-Isso.

A meu ver, Moreno criou a idéia de "Tele" a partir de análises e conclusões lógicas do conceito de papel e da interpretação que faz do termo psicanalítico "transferência", e não do "Eu e Tu" de Buber. É através do papel e do contrapapel que os indivíduos se relacionam, e para que a relação seja possível deve existir um elo de ligação. A tele é esse elo.

"O papel pode ser definido como as formas reais e tangíveis que o eu adota". (...) "O papel é uma cristalização final de todas as situações numa área especial pela qual o indivíduo passou." (...) "O papel pode ser definido como uma unidade de experiência sintética em que se fundiram elementos privados, sociais e culturais. Toda e qualquer sessão psicodramática demonstra que um papel é uma experiência interpessoal e necessita, usualmente, de dois ou mais indivíduos para ser realizado." (...) "Os indivíduos normais mostram afinidades seletivas a respeito de algumas pessoas, e algumas pessoas podem, por sua vez, manifestar afinidades seletivas a respeito deles.

Em cada tipo de situação social, no amor, no trabalho e nas situações lúdicas, a preferência por um indivíduo ou a preferência do outro por ele não se deve, pelo menos na grande maioria dos casos, a uma transferência simbólica, não tem motivações neuróticas, porquanto é devida a certas realidades que essa outra pessoa consubstancia e representa. Mesmo quando a afinidade não é mútua, se a afinidade é unilateral, na medida em que um indivíduo é atraído para uma realidade nessa outra pessoa, o fator que dá forma à relação interpessoal deve ser um novo fator diferente do mecanismo de transferência, a menos que ampliemos inadequadamente o significado desse conceito para além do seu significado original. Um complexo de sentimentos que atrai uma pessoa para a outra e que é provocado pelos atributos reais da outra pessoa — atributos individuais ou coletivos — tem o nome de tele-relação". "A tele-relação é um fator universal que opera em situações normais e anormais. (...)

"A transferência é um processo estritamente subjetivo do paciente, ou de qualquer outra pessoa particular, enquanto que o processo *tele* é um sistema objetivo de relações interpessoais" (...)

"A estrutura tele sugere, pois, uma atribuição adequada de uma pessoa a uma outra pessoa ou a um grupo."

O termo *tele* (do grego) significa distante, agir à distância. Foi definido como uma ligação elementar que pode existir tanto entre indivíduos como entre indivíduos e objetos (Eu-Isso), e o homem, desde que nasce, vai desenvolvendo progressivamente um sentido de relações interpessoais (sociais). "A tele pode, assim, ser considerada o fundamento de todas as relações interpessoais sadias e o elemento essencial de todo método eficaz de psicoterapia.

"Repousa no sentimento e conhecimento da situação real das outras pessoas. Ocasionalmente, pode nascer de uma antiga situação de transferência. Mas nossas averiguações mostram, nitidamente, que a tele existe sempre, e normalmente desde o primeiro encontro e que cresce de um encontro para outro.

Pode, por vezes, ser deformada pela influência de fantasias transferenciais. Mas, habitualmente, cada relação humana sadia depende da presença e eficácia da tele".[59]

Diz Buber: "A relação com Deus como pessoa é indispensável para quem, como eu, não entende por Deus um princípio, embora místicos como mestre Eckart, às vezes assemelhemse ao Ser; para aqueles que, como eu, não identificam Deus, com uma idéia, embora filósofos como Platão possam, às vezes, tê-lo concebido como tal; para quem, sobretudo, como eu, entende por 'Deus' — não importa o que seja além disso — aquele que entra numa relação imediata conosco, homens, através de atos criadores, reveladores e libertadores, possibilitando-nos com isso, entrar em uma relação imediata com Ele.

"Três os atributos de Deus que são, para nós homens, conhecidos: a espiritualidade, da qual tem origem o que chamamos Espírito; a naturalidade — que consiste no que chamamos natureza; e, em terceiro lugar, o atributo da personalidade.

"Dela, deste atributo, nasce o meu ser-pessoal e o ser-pessoal de todos os homens, assim como daqueles outros atributos originam, tanto o meu ser-espiritual como meu ser-natural e o de todos os homens. E somente este terceiro atributo da personalidade se nos revela diretamente em sua qualidade de atributo.

"Deus, podemos agora afirmar, transmite sua qualidade absoluta à relação que Ele estabelece com o homem. O homem que se dirige a Ele não tem necessidade de se afastar de nenhuma outra relação Eu-Tu; ele as conduz legitimamente a Ele e deixa que se transfigurem na 'face de Deus' "[60].

Moreno estava, a meu ver, muito ocupado vivenciando e experienciando, e por essa razão escreveu apenas os postulados apontados em outra parte deste trabalho, que, em si mesmos, são insuficientes para constituir numa doutrina filosófica. Mas é inegável que, como diz Pierre Weil, Moreno conhecia profundamentamente os ideais hassídicos e a Cabala. Por isso realizei este trabalho, que no final deixou em mim impressões profundas.

Agora que entendo um pouco mais Moreno, meu caminho dentro da terapia psicodramática se tornará mais claro para que eu me encontre com meus semelhantes, o mundo e o cosmos ao qual pertenço e do qual faço parte.

Li muito a respeito, pouco tinha sido escrito, e mesmo este pouco estava bastante tergiversado. Era, para mim, um desafio esclarecer a filosofia do hassidismo e como ela influenciou J. L. Moreno.

Entendo que Moreno não podia se prender a nenhuma religião que limitasse sua maneira de encarar o papel do homem no mundo. A filosofia da vida, do aqui e do agora, do eterno e interminável (inesgotável) processo criador dos homens encontrando-se consigo mesmos onde as centelhas criadoras unem-se numa grande e única luz universal.

Neste momento, o leitor se fará a seguinte pergunta: se o hassidismo foi tão importante e influenciou tanto Moreno, por que ele não escreveu nada a respeito?

Responderei com fatos históricos.

Na sua época, os judeus da Europa tinham três caminhos a seguir: assumir totalmente sua condição e, portanto, ser segregados pela sociedade anti-semita; converter-se a outra religião; ou assumir o papel de livre-pensadores não ligados a nenhuma doutrina religiosa.

Moreno, a meu ver, escolheu o terceiro caminho.

Três fatos relatados em sua autobiografia me levam a esta conclusão:

1. Num determinado momento de sua vida, Moreno foi apresentado a Adolf Hitler (na época pintor de cartões-postais), que se revelou um admirador do trabalho que Moreno fazia com as crianças nos parques de Viena[61], sem saber que ele era judeu.

2. Anos mais tarde, Moreno e um amigo estavam num bar, e Hitler, já na condição de líder do nacional-socialismo, fez um de seus primeiros e inflamados discursos[62]. Se soubessem que Moreno era judeu, seguramente o teriam agredido.

3. Quando Moreno freqüentava a faculdade de medicina em Viena, um grupo de estudantes anti-semitas fechou a escola, exigindo que os estudantes judeus fossem expulsos, o que provocou um confronto violento. Moreno foi chamado, por ser um pacifista reconhecido e por seu trabalho com as crianças, para ser o mediador do conflito. Foi aceito por ambas as partes[63], pois não era identificado como judeu. O trabalho foi um sucesso e a universidade reabriu as portas[64].

O hassidismo foi, portanto, o pilar fundamental na estruturação do pensamento filosófico de Moreno. Disso estou convicto, embora reconheça que outras filosofias e pensamentos também o influenciaram.

Para ser o mais justo possível com J. L. Moreno, devo dizer que, para um gênio criador como ele, prender-se a estruturas atávicas ou conservas culturais, segundo ele próprio, era como estar amarrado a correntes de aço que o impediriam de ser o homem espontâneo-criador que foi.

Penso que a dedicação de um homem a sua obra criadora, neste caso o psicodrama, está acima das convenções sociais preestabelecidas. Acredito que para ser espontâneo-criador, o homem deve, num determinado momento de sua vida, romper com crenças atávicas e tornar-se totalmente livre para criar. O processo criador é o elemento catártico que permite ao ser espontâneo-criador realizar-se integralmente como homem.

Moreno disse que para ser amante de Deus é preciso representar o papel de Deus. Esse foi seu primeiro papel; e o segundo, e não menos importante, foi o papel de "Homem Universal".

ENUNCIADOS FILOSÓFICOS DE MORENO

Eram as seguintes as posições de Moreno:

1. Espontaneidade e criatividade são as forças propulsoras do progresso da humanidade. Elas estão além e são independentes da libido e das razões sócio-econômicas, embora estas estejam freqüentemente entremeadas de espontaneidade e criatividade, que por sua vez não estão apenas em função ou derivem da libido ou de razões sócio-econômicas.

2. Amar e compartilhar são atos poderosos e princípios indispensáveis do trabalho da vida grupal. Além disso, é imperativo ter fé nas intenções dos nossos semelhantes, uma fé que transcenda a mera obediência à coação legal e física.

3. Uma comunidade superdinâmica fundamentada nesses princípios, pode ser levada a realizá-los através de novas técnicas...

Moreno achava que os fundamentos religiosos, aos quais sempre defendeu, se fossem removidos de sua crosta metafórica, continham a grande semente revolucionária de seu trabalho.

A gênese do papel de Deus fertilizou outra idéia: Deus não era apenas um bom ator, no sentido literário. Se fosse apenas Deus, um narcisista amando-se a Si mesmo e a sua própria expansão, o universo nunca teria sido criado. Por ter se tornado "amante" e "criador" é que Ele foi capaz de criar o mundo. Se

Deus voltasse à terra, não encarnaria num indivíduo mas sim num grupo, a coletividade... Que imagem tinha Deus no primeiro dia da criação? Para Moreno, uma das primeiras imagens foi a ordem universal axionormativa do cosmos, sobre o qual ele formulou duas hipóteses:

1. A hipótese de proximidade espacial: quanto mais próximos dois indivíduos estão um do outro no espaço, maior será a dívida de atenção e aceitação entre eles. O maior objetivo será um amar ao outro. A receita é: não prestar atenção aos indivíduos afastados de você, a menos que já tenha cumprido sua responsabilidade para com os mais próximos e depois consigo mesmo. Com "próximos", ele se refere aos que estão mais perto, o primeiro que se conhece na rua, o primeiro que se encontra no trabalho, o que se senta ao seu lado. A seqüência de "proximidade" no espaço estabelece uma ordem precisa de obrigações sociais e de aceitação; a seqüência de dar amor e atenção é a mais estrita ordem estabelecida previamente, segundo o imperativo espacial.

2. A hipótese de proximidade temporal: a seqüência da proximidade no tempo estabelece uma ordem exata de atenção social e veneração segundo o imperativo temporal. Em outras palavras, o aqui e agora exige, primeiro, ajuda; a seguir, exige ajuda e atenção contínuas no tempo do aqui e agora.

Dessas duas hipóteses Moreno extraiu alguns dos ingredientes do sistema sociométrico, a idéia da proximidade e da métrica, o amor ao semelhante e a idéia do encontro, somados aos fatores de espontaneidade e criatividade[65].

Dessa maneira, Deus tornou-se dependente dos homens e, ao mesmo tempo, tornou os homens muito mais dependentes Dele do que seriam se não compartilhassem com Ele Sua iniciativa e responsabilidade. Ao escrever sobre a criação do homem, explico a frase "Ser sócio de Deus" da seguinte maneira: Eu e Tu somos co-responsáveis pela Criação; Eu, Teu Deus, Te crio e Te dou os elementos de que precisas para seres também criador.

Devo afirmar que esses enunciados não eram totalmente desconhecidos para mim, pois eu os tinha encontrado de forma bastante parecida no livro do *Tanya*, principal obra do hassidismo, escrita no século XVIII.

O ENCONTRO

Depois de ter entendido a filosofia hassídica e considerá-la o fundamento filosófico de Moreno, algumas reflexões se tornam necessárias.

Moreno legou-nos a sua criação, o psicodrama que seguimos em nosso trabalho diário. Por que não seguir também a sua filosofia?

Se analisarmos mais detidamente o seu pensamento, perceberemos que o líder, o herói, o messias, sempre teve seguidores, assim como Baal Shem Tov, Moisés, Cristo e todos os líderes hassídicos. A eles correspondia a tarefa de libertar seus seguidores.

Moreno ensina-nos no psicodrama a sermos nossos próprios heróis, a sermos deuses; portanto, seguir nosso caminho com nossas próprias pernas. Se somos deuses, não podemos seguir outros deuses, e o deus-pai que Moreno nos sinaliza nas *Palavras do Pai* é, sobretudo, um exemplo a ser seguido.

Então, o que podemos seguir são os ensinamentos de Moreno, até encontrarmos nossa própria divindade; a partir daí devemos, pela própria evolução natural dos acontecimentos, seguir nosso caminho e não mais o de Moreno, pai ou herói. Talvez por isso suas idéias filosóficas não tiveram seguidores ou não foram entendidas.

Moreno é um guia, um pai que ensina a seus filhos o caminho para o próprio crescimento. Feito isso, os filhos deverão seguir um novo caminho próprio, serão novos deuses e arquitetos do próprio destino.

Somos, portanto, meros seguidores da sua criação, mas não de suas idéias filosóficas. A filosofia a ser seguida deve ser nossa, pois somos deuses espontâneos e criadores. Seguir as idéias dele significa abdicar da nossa própria capacidade criativa.

Parafraseando o próprio Moreno, a única maneira de nos livrarmos da síndrome de Moreno é representando o papel de Moreno. Pois hoje a criatura, psicodrama, separou-se de seu Criador e ganhou força própria, sendo constantemente revista e enriquecida por aqueles que dela se valem.

Jonathan diz que, no teatro grego, o drama ou a tragédia da personagem principal é a sua soberba, que é também a causa da sua queda. Em Moreno, a soberba de ser Deus leva-o a não acreditar na capacidade do ser humano, e por não conseguir explicar sua filosofia é afetado, no fim da vida, por uma profunda depressão[66].

A imagem que tenho de Moreno é a de um indivíduo eclético que cria inicialmente através da experienciação e que, graças a sua aguda inteligência e grande capacidade de observação, vai descobrindo nos seus atos novas formas de entendimento do relacionamento do Eu com o Tu interior, a divindade, e do Eu interior com o Tu exterior num verdadeiro encontro télico. Através do aquecimento adequado, ele passa a ser o protagonista do seu próprio drama, vivendo-o no palco psicodramático, possibilitando que ele chegue à catarse da relação do Eu interior com o Tu exterior, como num filme em que a platéia identifica os elementos da dramatização realizada, elementos anteriores de sua vida (que também têm um efeito terapêutico sobre a platéia), permitindo assim sua própria catarse, semelhante à que se produzia no teatro grego.

Através desses elementos, Moreno conseguiu dar respostas novas a situações antigas e respostas novas a situações novas, como um ser espontâneo-criador.

Em sua filosofia do encontro, ele descreve com detalhes o seu encontro com Chaim Kellmer, jovem hassid ortodoxo e estudante de filosofia na Universidade de Viena.

Moreno relata esse encontro. Numa noite, num parque de Viena, depois de passar o dia contando histórias para as crianças, apresentou-se a ele um jovem alto, de boa aparência, com um intenso brilho nos olhos (posteriomente ele descobriria que Chaim era portador de tuberculose). Dizia-se admirador do seu trabalho e queria encontrar um verdadeiro sentido para sua vida. Tinha vontade de abandonar os estudos de filosofia e estava insatisfeito com os ensinamentos religiosos aprendidos até então, pois não se concretizavam na prática. Para ele, o trabalho de Moreno era a realização prática daquilo que ele almejava.

Caminharam em silêncio durante muito tempo, tentando se comunicar nessa relação sem palavras que, para eles, eram superficiais. Queriam uma entrega e confiança mútuas[67].

Diz Jonathan que Moreno era como um pai para os que nele acreditavam, mas rejeitava os que não comungavam suas idéias e princípios[68].

É aqui que se torna mais clara a idéia da filosofia do encontro. As pessoas devem se entregar totalmente ao seu mestre ou Messias, da mesma forma que os apóstolos o fizeram com Cristo, o homem com Deus, ou um seguidor com seu líder.

No hassidismo, os hassidim entregam-se ao seu rabino-guia, um intermediário entre eles e Deus. Pela sua "santidade", ele é o recebedor das mensagens divinas, é a pessoa capaz de entender as escrituras no seu sentido mais profundo e oculto.

Desde que Moreno foi educado na corrente hassídica, a idéia de líder, de messias, de portador da verdade era muito forte; não é estranho que também esperasse a mesma conduta dos seus seguidores em relação a ele.

Para que haja encontro, é preciso haver uma entrega total do discípulo, do apóstolo ou do aluno, a seu mestre ("rabino" significa mestre; Cristo também era um rabino, ou seja, mestre).

Chaim Kellmer via em Moreno um mestre, um Messias a quem deveria seguir, pois sua mensagem era cósmica: os indivíduos, a humanidade, unidos por uma idéia comum em que todos acreditam. Moreno era uma pessoa que vivia o que pregava (Messias).

Depois, ele criou o sociodrama, que entendo como a sua filosofia do encontro: uma sociedade humanista, onde o amor ao próximo é verdadeiramente concretizado, formada por seres espontâneos e criativos, os deuses. Um sonho? Uma utopia? Talvez! Mas, Moreno nos ensinou a sonhar novamente e a tentar realizar nossos sonhos, já que somos seres criadores portadores da centelha divina.

Por que não podemos realizar nossos sonhos? Não devemos esquecer que foram os sonhadores que produziram as grandes revoluções. Foi essa a mensagem na resposta que Moreno deu a Freud, quando lhe disse: "Eu ensino as pessoas a sonhar novamente".

Porém, se Moreno pensava assim, por que não criou uma seita religiosa? Ele próprio nos dá a resposta:

"Segui o caminho do teatro em lugar de fundar uma seita religiosa entrando num mosteiro, ou desenvolvendo um sistema teológico [também nenhuma destas alternativas exclui a outra]; isso pode ser entendido dando-se uma olhada para onde minhas idéias se originaram.

Eu tinha uma idéia fixa, ou o que então poderia ser chamado de afetação, mas que hoje, quando os resultados estão chegando, poderia ser visto como a graça de Deus. A idéia fixa tornou-se minha constante fonte de produtividade: há um tipo de natureza primordial que é imortal e retorna renovada a cada geração, um primeiro universo que contém todos os seres e no qual todos os eventos são sagrados. Eu gostava daquele reino que me foi revelado no brincar de Deus das crianças e me mantive ligado a ele; não planejava deixá-lo nunca. Por detrás do suberfúgio dos contos de fada que relatava às crianças, eu tentava plantar as sementes de uma diminuta revolução criativa, o que tinha um duplo significado. Era um teste do deus vivo *dentro* da estrutura da civilização moderna, que não está em relativa segurança fora dela, como nos desertos da África ou nas planícies da Índia. Era minha intenção ser um santo lutador e não um recluso".[69]

Moreno mostra, com sua atitude extravagante, que a externalização dos sintomas neuróticos poderia tornar-se algo produtivo e proveitoso, opondo-se desta forma à teoria psicanalítica.

Na história da evolução do homem, há a necessidade de se acreditar em algo superior e criador, criando-se dessa maneira os deuses e os ídolos. Ela aparece na religião, do latim *religare*, que significa a meu ver ligar novamente a centelha divina que existe em cada um à chama criadora original, através de rituais.

Para se conseguir isso é preciso penetrar em si mesmo, procurando na essência do próprio ser a existência da centelha divina que nele habita. Uma vez encontrada, produz-se uma catarse, que liberta a total espontaneidade manifestada no ato criador. O ato precisa manifestar-se para confirmar sua própria existência.

A atitude sublime do homem na busca de Deus está muito bem exemplificada na seguinte história:

Certa vez, o rabi de Kotz perguntou a um jovem que tinha ido procurá-lo:

— Qual o motivo da tua vinda?

— Vim encontrar Deus — respondeu o jovem.

— É uma pena que tenhas desperdiçado teu tempo e dinheiro, disse o rabi. — Deus está em todas partes, poderias têlo encontrado em teu lar.

— Então, qual deveria ser o motivo de minha vinda? — perguntou o jovem.

— Para encontrar-te a ti mesmo, disse o Rabi — para encontrar-te a ti mesmo.[70]

Moreno continua: "Eu tinha a idéia fixa de que um indivíduo isolado não possuía autoridade para se transformar na voz de um grupo. A voz nova deve vir do grupo. Deve ser o grupo. A nova palavra deve vir do grupo. Portanto, saí em busca de novos amigos, seguidores, gente boa. A nova religião era uma religião de ser, de autoperfeição. Era uma religião de ajudar e curar, pois ajudar era mais importante do que falar. Era uma religião do silêncio. Era uma religião de realizar algo para si mesmo, sem pagamento, sem reconhecimento. Era uma religião de anonimato".[71]

Mas Moreno não criou uma religião.

Para reforçar a idéia fixa de Moreno, quero citar as palavras de um outro filósofo da mística judaica, Gershom Sholem que trabalhou com Moreno na revista *Daimon*. Diz ele em sua obra *Mística Judaica*:

"A suprema função da religião é destruir a harmonia onírica do Homem, do Universo e de Deus, isolar o homem dos outros elementos no estágio onírico de sua consciência primitiva e mítica. Pois, em sua forma clássica, a religião significa a criação de um profundo abismo, concebido como absoluto, entre Deus, o ser infinito e transcendental, e o homem, a criatura finita. Esta única razão determina que o surgimento da religião institucional, que é também o estágio clássico na história da religião, esteja, mais do que em qualquer período, largamente distanciado do misticismo e de tudo quanto ele implica. O homem toma consciência de uma dualidade fundamental, de um vasto golfo que nada pode cruzar, exceto a Voz: a Voz de Deus, orientadora e legisladora em Sua revelação, e a voz do homem na oração. As grandes religiões monoteístas vivem e se desdobram na consciência sempre presente dessa bipolaridade, da existência de um abismo que jamais poderá ser transposto. Para elas, o cenário da religião não é mais a Natureza, mas a ação moral e religiosa do homem e da comunidade dos homens, cuja interação realiza a história, de certa forma, como o palco em que é representado o drama da relação entre o homem e Deus".[72]

A inspiração de Moreno vem menos da ciência social moderna e da psiquiatria, apesar de ser um persistente estudioso dessas áreas, do que das suas tradições religiosas ancestrais.

Seria errado concluir que Moreno foi um profeta não reconhecido do seu tempo. Certamente ele recebeu muitas honrarias. Por certo muitas pessoas têm se perguntado, através dos anos e em todos os países, a esse respeito. O que diferenciou Moreno de um profeta foram os caminhos que escolheram, que por sua vez são parcialmente reflexos das circunstâncias culturais, das tradições, das imagens e metáforas às quais tiveram acesso.[73]

O PROCESSO CRIADOR DE MORENO NO PSICODRAMA

Diversas vezes tenho me interrogado como Moreno chegou a criar o psicodrama, como este processo aconteceu. Para tanto, inverti papéis com ele, tentei viver o papel dele, ser ele, através do entendimento paulatino do seu processo evolutivo, na sua essência básica de *ser espontâneo*. Imagino que esse processo tenha se realizado pela *experienciação*.

Para explicar o que entendo por "experienciação", quero — em primeiro lugar — diferenciar o termo de "experimentação". Não acho que esse termo explique a idéia da criação moreniana porque, nesse caso, é preciso haver antes a elaboração de uma hipótese que tem de ser experimentada para se comprovar sua validade.

O processo moreniano acontece através da experienciação. Experienciar é, em primeiro lugar, vivenciar uma nova situação, como conhecer o gosto de uma fruta nunca antes saboreada. Produz-se, assim, o conhecimento de uma nova experiência depois de ela ser vivenciada, como a aquisição de um novo conhecimento inscrito no cérebro, passando pela ação. O ato, o movimento (levar a fruta à boca), igual ao teatro terapêutico, onde o protagonista, através da ação do seu papel, vivencia uma nova atitude, ou situação, e conseqüentemente tem a experiência do ato vivido.

Depois vem a catarse, que é a mudança produzida depois da experienciação.

Em Moreno acontecia uma coisa semelhante, antes de escrever suas teorias: em primeiro lutar ele se baseava em todos os conhecimentos e experiências vividas.

Ele trabalhava no teatro da espontaneidade com Bárbara, que representava sempre os mesmos papéis bondosos e angelicais. Depois que ela se casou com Jorge, este contou a Moreno que as atitudes dela diferiam totalmente do que representava no teatro. Ele então sugeriu que Bárbara mudasse de papéis, que agora fossem vis e malvados; mas não sabia no que ia resultar; era só para vivenciar a experiência.

Moreno recebeu, então, uma nova informação: quando Bárbara brigava com Jorge em casa, em determinados momentos começava a rir, lembrando-se das cenas vividas no teatro e achando tudo um absurdo.

Nesse momento, ao passar da ação vivenciada para a experiência própriamente dita, aconteceu a mudança, produzindo novos atos espontâneos e criativos, tanto para Bárbara quanto para Moreno, que criou o psicodrama terapêutico.

Outro elemento que aparece com freqüência no processo catártico é o riso, como se fosse um fator preponderante no ato de perceber e compreender.

Moreno diz que, para ele, Deus teria dado uma sonora gargalhada ao concluir sua obra criadora. O Antigo Testamento fala pela primeira vez do riso quando Sara recebe o aviso de que se tornaria mãe, apesar de no momento duvidar da palavra Divina. Talvez todos esses risos não tenham sido uma expressão de alegria: nem o de Sara, por ter duvidado, nem o de Deus, por ver o que tinha criado, nem o de Bárbara, por ter entendido a experiência vivida.

Moreno, um criador através da experienciação, deve ter rido muito após ter criado o psicodrama.

A idéia simplista de que era Deus seguiu Moreno durante toda a sua vida. Ele não quis ou não conseguiu expressar seu ponto de vista crucial: "Se alguém quer realmente ser amante de Deus, deve representar o papel de Deus, pois não há outro papel que possa se aproximar da transmissão destas qualidades em sua totalidade".

Qualquer um que queira atingir a perfeição das qualidades divinas deve representar o papel de Deus.

Para entender o psicodrama pessoal de Moreno e sua identificação com o papel de Deus, a pessoa deve ver a si mesma como um subordinado de toda a humanidade. Moreno, porém, estava muito ocupado perseguindo sua idéia fixa para explicar isso aos outros. Ele costumava dizer que todos nós precisamos de egos-auxiliares, para nos darmos as mãos quando necessitarmos. Pela mesma razão, devemos ajudar Deus em seu trabalho no cosmos, sendo seus egos-auxiliares.

Há tanta miséria e sofrimento no mundo que Deus não parece capaz de cuidar de tudo sozinho; todos nós devemos compartilhar essa responsabilidade.

O PALCO

Diz Moreno: "Com freqüência me perguntam por que motivo o palco do psicodrama tem a forma que tem. A primeira inspiração pode muito bem ter decorrido dessa experiência pessoal (brincar de Deus aos 4 anos de idade). Os céus, até chegar ao teto, podem ter preparado o caminho para a minha idéia dos vários níveis do palco psicodramático, sua dimensão vertical. O primeiro nível como nível da concepção; o segundo, como o nível de crescimento; o terceiro, o nível da completação e da ação; o quarto, a galeria, o nível dos messias e dos heróis."

A concepção vertical que Moreno tem do palco psicodramático tem, a meu ver, sua origem na influência que o estudo da Torá exerceu sobre ele na infância. Para se entender a Torá, é preciso também estabelecer diversos níveis. Para tanto, existe uma palavra mnemotécnica, *pardes*, que em hebraico significa "pomar", e que também é usada para designar o Paraíso e os diversos níveis para alcançá-lo.

A letra *P*, *pshat*, ou "simples", é o primeiro nível, ou apenas a simples leitura da Torá, equivalente ao nível da concepção, para Moreno.

A letra *R*, *remez*, ou "símbolo, entendimento", equivale a ler nas entrelinhas, a uma compreensão do que foi lido no nível anterior. Para Moreno, esse é o nível do crescimento. Ao atingir esse segundo nível, o estudioso da Torá já deverá ter

85

amadurecido o suficiente para entender a mensagem que há por trás da simples leitura das palavras escritas.

A letra *D*, *darush*, ou "intercâmbio" é quando se discutem e se trocam idéias do que já foi entendido e passa-se a ensinar. Para Moreno, é o nível da completação e da ação.

E, finalmente, a letra *S*, *sod*, ou "segredo", que é o desvelamento da Divindade e o contato direto com Deus. Para Moreno, corresponde ao quarto nível, ou o nível dos heróis e dos messias.

CONSIDERAÇÕES FINAIS

Estamos assistindo neste momento a uma grande revolução mundial, onde os valores e as ideologias dos quais compartilhamos (direta ou indiretamente) estão, literalmente, sendo destruídos.

O mundo comunista desmoronou e os países que viviam sob essa ideologia se encontram numa terrível confusão. Há fome, tudo falta, não há líderes (até este momento, pelo menos) que possam orientar os povos, e o futuro se apresenta como uma incógnita.

Por outro lado, os países que vivem sob o capitalismo selvagem começam a perceber suas desigualdades internas: poucos têm muito e muitos não têm nada; suas economias encontram-se em franca recessão. O desemprego aumenta, a educação e a saúde estão se tornando privilégio de poucos, as diferenças raciais e sociais só fazem aumentar o ódio entre as pessoas, crianças abandonadas vivem nas ruas e são barbaramente assassinadas.

A Suécia, talvez o país com a estrutura política mais socializada, apresenta o maior índice de suicídios no mundo. No Japão, os adolescentes se matam por não verem sentido em continuar vivendo.

Podemos, portanto, dizer que estamos vivendo um momento único na história da humanidade.

E o que virá? Qual o caminho a seguir? O que fazer?

Acho que essas perguntas exigem um sério exame dos nossos valores, para escolhermos um caminho para o nosso futuro. E é aqui e agora, pois amanhã poderá ser tarde.

Neste momento, a proposta de Moreno, através do sociodrama e da sua filosofia do encontro, deve ser seriamente estudada. Não que seja a solução definitiva para nossos problemas; mas indica ao menos um caminho coerente para encontrar novas respostas a problemas antigos, ou respostas novas a problemas novos. Com todos juntos, com a sociedade mobilizada, como queria Moreno, quando fez o "Convite para um Encontro", no dia 1º de abril de 1921, na Komoedian Haus.

Moreno, o Homem Universal, fez uma proposta há muitos anos, que para mim é, hoje — mais do que nunca — atual e necessária.

Ele sofreu muito, o que o levou a uma postura de soberba, não acreditando mais nos homens. Morreu doente, sem aceitar auxílio médico, rejeitando os remédios prescritos, como se quisesse acelerar o seu fim. Ficou profundamente frustrado por não acreditar que alguém tivesse entendido sua mensagem, uma mensagem antiga, mas atualizada, com propostas e respostas novas e criativas.

Por isso quero repetir agora o que escrevi quando comecei o curso de psicodrama, na minha Carta-resposta a *Las Palavras del Padre*: "Difundirei a tua mensagem".

NOTAS

1. José Fonseca Filho, *Psicodrama da Loucura*, São Paulo, Ágora, 1980, pág. 5.

2. *Idem, ibidem*, pág. 5.

3. J. L. Moreno, *Psicodrama*, São Paulo, Cultrix, 1975, pág. 62.

4. J. L. Moreno, *Psicoterapia de Grupo e Psicodrama*, Apres. Pierre Weil; São Paulo, Mestre Jou, 1974, pág. 117.

5. *Idem, ibidem*, págs. 16-17-18.

6. *Idem, ibidem*, págs. 16-17-18.

7. "The Autobiography of J. L. Moreno"; *Journal of Group Psychotherapy, Psychodrama & Sociometry*, Vol. 42, n° 1, Primavera de 1989, pág. 13 (T. do A.).

8. J. L. Moreno, *Psicodrama*, São Paulo, Cultrix, 1975, pág. 57.

9. "The Autobiography of J. L. Moreno", *Journal of Group Psychotherapy, Psychodrama & Sociometry*, Vol. 42, n° 1, Primavera 1989, pág. 5; 6. (T. do A.).

10. *Idem*, Introd., pág. 5.

11. *Idem, ibidem*, pág. 16.

12. *Idem, ibidem*, pág. 16.

13. *Idem, ibidem*, pág. 16.

14. *Idem, ibidem*, pág. 17.

15. *Idem, ibidem*, pág. 22.

16. *Idem, ibidem*, pág. 19.

17. *Idem, ibidem*, pág. 23.

18. *Idem, ibidem*, pág. 17.

19. *Idem, ibidem*, pág. 19.

20. *Idem, ibidem*, pág. 21.

21. *Idem, ibidem*, pág. 21.

22. *Idem, ibidem*, pág. 21.

23. *Idem, ibidem*, pág. 22.

24. *Idem, ibidem*, pág. 22.

25. *Idem, ibidem*, pág. 20.

26. *Idem, ibidem*, pág. 22.

27. *Idem, ibidem*, pág. 23.

28. *Idem, ibidem*, pág. 23.

29. *Idem, ibidem*, pág. 24.

30. *Idem, ibidem*, pág. 20.

31. Abraham Tversky, *Hagamos un Hombre*, Buenos Aires, Iehuda, Pág. 66.

32. "The Autobiography of J. L. Moreno", *Journal of Group Psychotherapy, Psychodrama & Sociometry*, Vol. 42, n.º 1; Primavera de 1989; pág. 19.

33. Abraham Tversky, *De Generación en Generación*, Centro Gráfico SRL, Buenos Aires, pág. 13.

34. *Idem, ibidem*, pág. 17.

35. *Idem, ibidem*, pág. 18.

36. *Idem, ibidem*, pág. 148.

37. "The Autobiography of J. L. Moreno", *Journal of Group Psychotherapy, Psychodrama & Sociometry*, vol. 42, n.º 1, Primavera, 1989, pág. 11.

38. *Idem, ibidem*, pág. 11.

39. *Idem, ibidem*, pág. 12.

40. *Idem, ibidem*, pág. 41.

41. J. L. Moreno, *Psicodrama*, São Paulo, Cultrix, 1975; DIVISA.

42. "The Autobiography of J. L. Moreno", *Journal of Group Psychotherapy, Psyhodrama & Sociometry*, Vol. 42, n.º 1; Primavera 1989, pág. 23.

43. *Idem, ibidem*, pág. 27.

44. *Idem, ibidem*, pág. 29.

45. *Idem, ibidem*, pág. 30.

46. *Idem, ibidem*, pág. 31.

47. *Idem, ibidem*, pág. 32.

48. *Idem, ibidem*, pág. 33.

49. *Idem, ibidem*, pág. 11.

50. *Idem, ibidem*, pág. 33.

51. *Idem, ibidem*, pág. 37.

52. *Idem, ibidem*, pág. 39.

53. J. L. Moreno, *Psicodrama*, São Paulo, Cultrix, 1975, pág. 54.

54. "The Autobiography of J. L. Moreno", *Journal of Group Psychotherapy, Psychodrama & Sociometry*. Vol. 42, n.º 1, Primavera de 1989, pág. 54.

55. Israel Gutwirth, *Cabalah y Mistica Judia* — Sus grandes maestros, Buenos Aires, Acervo Cultural Editores, pág. 127.

56. "The Autobiography of J. L. Moreno", *Journal of Group Psychotherapy, Psychodrama & Sociometry*. Vol. 42, n.º 1, Primavera de 1989, pág. 18.

57. Martin Buber, *O Hassidismo e o Homem do Ocidente*, São Paulo, B'nai B'rith, 1973, pág. 83.

58. Martin Buber, *Eu e Tu*, São Paulo, Moraes, 2.ª ed., pág. 43.

59. J. L. Moreno *Psicoterapia de Grupo e Psicodrama*, São Paulo, Mestre Jou, 1974, pág. 52.

60. Martin Buber, *Eu e Tu*, São Paulo, Moraes, 2ª ed., pág. 154.

61. "The Autobiography of J. L. Moreno", *Journal of Group Psychotherapy, Psychodrama & Sociometry*. Vol. 42, n? 1, Primavera de 1989, pág. 45.

62. *Idem, ibidem*, pág. 45.

63. *Idem, ibidem*, pág. 46.

64. *Idem, ibidem*, pág. 46.

65. *Idem, ibidem*, pág. 51.

66. *Idem, ibidem*, pág. 5.

67. *Idem, ibidem*, pág. 41.

68. *Idem, ibidem*, pág. 5.

69. *Idem, ibidem*, pág. 38.

70. Abraham Tversky, *Hagamos un Hombre*; Buenos Aires, Iehuda, pág. 14.

71. "The Autobiography of J. L. Moreno", *Journal of Group Psychotherapy, Psychodrama & Sociometry*, vol. 42, n? 1. Primavera de 1989, pág. 34.

72. Gershom Scholem, *A Mística Judaica*, São Paulo, Perspectiva, 1972, pág. 9.

73. "The Autobiography of J. L. Moreno", *Journal of Group Psychotherapy, Psychodrama & Sociometry*., Vol. 42, n? 1, Primavera de 1989, pág. 5.